経営中毒

社長はつらい、だから楽しい

徳谷智史

PHP

読者の皆さんへ

最初に断っておくと、本書は「成功」を約束する本ではありません。

会社を発展させる原理原則や経営の要諦がまとめられた指南書だと期待して本書を手に取られた方、ごめんなさい（『経営中毒』というタイトルを見てそう思う方は少ないと思いますが）。

未来を夢見て立ち上げた会社に、予期せぬ困難が次々と降りかかり、組織を「崩壊」に追い込んでいく――。

商品やサービスの失敗、仲間の裏切り、資金ショート、事業の乗っ取り……会社を経営していくうえで待ち受けている、目を覆いたくなるような問題の数々をこれからお伝えしていきます。

「社長は孤独だ」

と、昔からよく言われています。なぜ、一見華やかで、偉く見える社長が、誰よりも孤独なのか。

そこには「構造」が存在するのです。

考えてみてください。仮にあなたが、会社のすべてに責任を持つ、社長だったとしたら――。

日々、体験したことのない課題が発生し、なんとか乗り越えたと思ったらまた次の問題が押し寄せる。

そこには、過去に多くの社長も同じようにはまってきた「落とし穴」があるのです。

本書は、そんな大きな落とし穴にはまらないための「転ばぬ先の杖」になるかもしれません。

はじめに

社長はつらい？ それとも楽しい？

経営が計画通りに進むことはありえない

初めまして。エッグフォワード代表の徳谷智史《とくやさとし》と申します。

Podcast（音声配信サービス）「経営中毒〜だれにも言えない社長の孤独〜」を聞いてくださっている方にはおなじみかと思いますが、そうでない方に少しだけ自己紹介をさせてください。

私が経営しているエッグフォワードは、「いまだない価値を創り出し、人が本来持つ可能性を実現し合う世界を創る」というミッションのもと、個人・組織に関するコンサルティングやコーチングなどのサービスを手掛けながら、現在ではVC（ベンチャーキャピタル）として国内外多数のベンチャー企業に出資するだけでなく、次々に噴出する「ヒト・カネ・組織」の問題にクライアントの社長と二人三脚で一緒に取り組んでいます。

そのため、社長の方々とかかわることが多く、数万人の社員を擁する業界トップ企業から創業前後の先進スタートアップまで、1000社以上の企業変革や出資によるハンズオン支援*を手がけてきました。また、個人の可能性を最大化するべく、2万人以上のキャリア支援にも従事してきました。

規模を問わず大小数多くの会社と社長を、日々二人三脚で支援するなかで、明らかになったことがあります。

多くの会社が創業して1～2年目に苦しい状況に陥っている。そして会社を起業してどれだけ経っても、すべてが計画通りに進むことは絶対にありえない。

＊本欄では、キーワードの補足や経営のこぼれ話などを紹介していきます。「ハンズオン」とは、投資先やコンサルティング先に人材を派遣するなどして、経営に深く関与することです。

会社を創業すると次のようなトラブルが一つや二つではなく、文字通り次から次へと襲ってきます。

- 自信を持ってリリースした事業が大コケした
- 創業メンバー同士の考えが合わず、仲間割れの末、メンバーが辞めていった
- 資金が枯渇し、給料も外注費も支払えなくなった
- アテにしていた資金調達が、環境の変化で、受けられなくなった
- 信頼していたメンバーの横領が発覚した
- 引き際を見極められず、事業の撤退を余儀なくされた

ここに挙げた例はごく一部です。経営が、トラブルなく順調に進めばどれだけいいでしょうか。社長なら誰しもそう思うはずです。

ところが、はじめは計画通りだったとしても、その後もずっと計画通りに進んでいった会社を、私はただの1社も見たことがありません。

これから述べるのは、（私の経験を含め）数多くの社長を見てきた立場からのリアルです。

一般化する気はありませんが、遅かれ早かれ、どんな社長も直面しうる共通の「悩み」であると言っても過言ではないと思います。

社長の誤算を「疑似体験」する本

書店に行けば、自身のサクセスストーリーを語った社長の本が所狭しと並んでいます。

そういう本を手に取れば、あなたが抱える悩みを一時的に解決してくれたような気になるかもしれません。本に書いてあるような成功が手に入ればどれほどラクになれるか……と私も思います。

しかし残念なことに、私自身の経験と、大企業からベンチャーまで数々の企業を支援してきた立場から、**会社の経営はそんなに甘くはない**と言わざるをえません。

エッグフォワードを創業する前、私は企業戦略を策定するコンサルティング会社でじつに数百社を支援、アジアの責任者も務めていました。

こう書くと順風満帆なコンサル人生を想像するかもしれませんが、2012年にコンサル会社の看板を外し、想いを持ってエッグフォワードを創業してからここまで来るまでの道のりは、まったく平坦ではありませんでした。

想定していなかった「誤算」が次から次へと起こり、一時は廃業寸前にまで追い込まれたこともありました。もちろん、私の経営の至らなさが招いたゆえのことです。

その後、私がかかわり、伴走してきた１０００人以上の社長も例外なく何らかの悩みを抱えていました。

書店で見かける「誰かが成功した」経営書を読んでおいたら、私も他の社長もそういった問題をすべて未然に防げたかといえば、そんなことは決してないと思います。

会社の創業時やその後に降りかかる問題には、何かしらの原因があります。

ある種、構造的なもので、問題が起きる原因をあらかじめ知っておけば、予期せぬ事態が起こっても、冷静に対処することができます。いや、正確にはすべてに対処することはできないのですが、少なくとも「心構え」は持つことができるはずです。

すべての問題を防ぐことはできない。しかし、つぶせるリスクは未然につぶしておくに越したことはありません。

問題が起こっても、失敗をしても、どう対応するかの「羅針盤」を持っておくことで、困難の荒波を越えていける可能性は圧倒的に高まります。

これは、多くの企業経営の修羅場に立ち会ってきた立場だからこそ、自信を持って伝えたいことです。

「困難との向き合い方」に企業経営の要諦が詰まっている

じつは苦しい時期を耐え抜いていると、思いもよらない奇跡《ミラクル》がやってくることもあります。私がかかわってきた会社でも、創業から現在に至るまでに例外なく何らかのミラクルが起きていますし、エッグフォワードも苦しいときに救世主が現れるなどのミラクルが何度も起きました。

ただ、それはたんなる「まぐれ当たり」ではありません。

ミラクルを起こせた理由の一つは、「次の打開策を考えて行動し続けた」から。

一つひとつの問題に対して、その原因と構造をちゃんと分析して改善していくことで、活路を見いだしてきたからこそなのです。*

＊エッグフォワードもそうですし、スタートアップから大企業まで総じて苦しいタイミングが必ず訪れます。まさに「社長の孤独」を痛感するシーンの連続です。そうした逆境から抜け出しミラクルを起こすためのヒントをこれからお伝えしていきます。

会社を立ち上げて経営していくと、苦しい時期は必ずあります。そんなときに、社長は文字通り、毎晩のように思い悩み、誰にも言えない深い孤独を感じますが、それを乗り越え続けていったからこそ今があるのです。

手っ取り早く成功するための「魔法の法則」を本書で提示できるといいのですが、残念ながらそんな法則は存在しません。決してきれいごとではなく、日々、無数の社長と接していて感じるのは、むしろ直面する困難との向き合い方にこそ企業経営における「原理原則」が表れるものだということです。

「孤独」「孤立」に苦しむリーダーを救いたい

逆に、志高い社長、素晴らしい会社であっても「羅針盤」がなかった、知らなかったことによって、文字通り、社会から抹消されてしまった例が無数に存在します。

想いを持って立ち上がった起業家や社長の同志たちが、次々と押し寄せる困難に阻まれ、事業・組織が崩壊。社長自身が過酷な日々に心が折れてしまい、夢半ばでこの世を去った例も知っています。

社長は、夢や想いを誰よりも強く持つ一方で、常に「孤独」を抱えながら日々戦っています。

私自身もその一人ですが、他の誰にも言えないなか、「自分一人だけがなぜ、こんな葛藤や苦しみを抱えているのか」「どうしたら、誰かに自分の状況をわかってもらえるだろうか」と、時に悩みを吐露する社長の姿をこの目で嫌というほど見てきました。

今になって思えば、当時、夢半ばで心が折れてしまった彼らのためにもっと何らかの支援ができたのではないかと、悔しくてたまりません。

そういった思いもあり私は、企業経営において「実際に起こる」さまざまな問題について、Podcast「経営中毒～だれにも言えない社長の孤独～」で、社長のありのままの視点でお話ししてきました。

本コンテンツはありがたいことに、社長・起業家だけでなく、組織の中で重職を担うリーダー層や若手のビジネスパーソンまで数多くのリスナーの皆さんにご支持いただき、「第4回JAPAN PODCAST AWARDS」においてベストナレッジ賞を受賞しました。

その内容をいつでも参照していただけるように体系化したのが、本書です。さらに、音声コンテンツではお話しできなかった起業の裏側、経営の苦労も包み隠さず記していきます。

社長が日々、孤独や孤立と向き合いながら戦っている一方で、これは社長でない方に向けてあえて申し上げると、社長をやっているからこそわかる尊さややりがい、見える素晴らしい景色や世界があります。

読者のなかには、近い将来に自分の会社を持ちたいと考えている方、あるいは知り合いから「一緒に会社を立ち上げないか」と話を持ち掛けられている会社員の方、今後そうした可能性のある方もいるでしょう。

そんな人たちに向けても、本書を通じて「経営の大変さ」と稀《まれ》にある「喜び」を疑似体感してもらい、将来有望な会社や組織が荒波を乗り越えていくための羅針盤として本書を活用していただきたいのです。

本書では以下のテーマに沿って、話を進めていきます。

第1章　資金繰り、資金調達にまつわる悩み【カネのマネジメント】

第2章　創業メンバー、新規採用にまつわる悩み【ヒトのマネジメント】
第3章　会社の分裂期と変革期における悩み【組織のマネジメント】
第4章　プロダクト開発、事業転換にまつわる悩み【事業のマネジメント】
第5章　事業売却にまつわる悩み【スタートアップの出口戦略】
第6章　日々の経営判断、撤退にまつわる悩み【社長の意思決定】

読者の皆さんの立場や状況に合わせて現時点で抱えている悩みについて書かれた章をピンポイントで読んでいただいても大丈夫です。

また、各章の巻末には、より専門的な悩みを掘り下げて解説するColumn sessionを用意しました。それぞれのフェーズに直面した社長の方の参考にしてもらいたいです。

もしも、あなたが社長じゃなかったら……

仮にあなたが会社の社長でもなければ、これから会社を立ち上げようとも思っていないとしても、本書の視点を持っておくことは、これからの職業人生の役に立つはずです。

職場の雰囲気が悪くなり、メンバー同士が衝突しチームが分裂した。

組織目標が未達で、愛想をつかしたメンバーが退職したいと切り出してきた。

業績が悪化して赤字の状態が続き、役員から事業の撤退を言い渡された。

メンバーの横領がバレて、上司である自分が経理に呼び出された……。

そんなヒリヒリするような状況は会社の組織のマネジャークラスでも直面する可能性があります。


たとえ起業や経営を志さなくても、チームをマネジメントしていくうえでも、「社長の視点」を持つことは欠かせません。

社長業のイメージが湧かない場合、「万一、同じ状況に置かれたら、自分ならどうするか」と自身に置き換えて、困難を打開するヒントを一つならず二つ、三つとつかんでいくきっかけになってくれれば筆者冥利に尽きます。

もっとも、マネジャー経験がゼロの方には、本書で書かれていることは少々刺激が強すぎるかもしれません。本書を読んでみて、「自分には会社経営なんてムリだ。これからも変わらず、会社員として与えられた責務を全うする」。そう宣言いただくのも、もちろんいいでしょう。

誤解してもらいたくないのですが、本書で語る「リアル」によって、私は起業に興味がある人や、すでに会社を辞めて独立している人に対し起業を断念させるつもりはまったくありません。

むしろ一人でも多くの人に、「経営の尊さ」に気づいてほしいと思っています。

繰り返しにはなりますが、社長業をしていると大変、ツライという感情以上に、会社員視点だと得難い「やりがい」、表現し難いほどの「充実感」を享受できるのは紛《まぎ》れもない事実です。

絶対ムリと思われていた大きな山を必死で乗り越えて、目指し続けていた絶景を共有する経験は何事にも代えられません。

最初は一人もいなかったお客様が増え、「なくてはならない」と心から感謝されることもあります。苦難をともにして喜びを分かち合った仲間たちの笑顔を見て「頑張ってきてよかったな」と自分自身を全肯定したくなる気持ちに浸れる機会もたくさんあります。

誰よりも孤独であり、誰よりも仲間と喜びを共有できる。

何よりもつらいことと、何よりも楽しいことが混在する。

このような「社長はつらい、だから楽しい」という感覚を、嘘偽りなくリアリティをもって読者の皆さんと共有したいのです。

そして、少しだけ欲を言えば、本書を読了後に、

社長の方は「改めて経営に向き合いたい」

そうでない方は「いつかは経営に携わりたい」

そう思ってもらえたら筆者としてこれ以上の喜びはありません。

経営中毒

目次

第2章 会社は99.9%、「人の問題」で崩壊する
――会社の未来を左右する「ヒトのマネジメント」

2 「たった一人の採用」で会社は成長する？ それとも傾く？

第3章 営業VS.エンジニア、中途VS.古参……組織の崩壊はとつぜん起きる
——文明の衝突を起こさない「組織のマネジメント」

第4章 最初に考えたプロダクトはなぜうまくいかないのか
――0→100を可能にする「事業のマネジメント」

第6章 「24時間悩み、365日決断」難しいがクセになる経営判断

――会社の未来を左右する「社長の意思決定」

第1章

「資金繰り」は
最初に直面する、
社長共通の悩み

——人徳が問われる
「カネのマネジメント」

1 「うわあ、また来たな……」社長にとって給料日は恐怖でしかない

社長になると、給料日の感覚が180度変わる

社長にとって悩みの種となるのが、なんといっても「カネ」です。儲かっていようが、赤字経営であろうが、一生ついてまわるもの。まさに「お金の呪縛」です。

いきなり、こんな話をしたくはないのですが、多くの企業を見てきた事実を、ありのままお伝えします。

私自身も、とりわけ創業期は本当にお金のことばかり考えざるをえませんでした。

事業が苦しい時期だと、社長は、四六時中、いや365日24時間お金のことが頭をよぎっ

ていると言っても過言ではありません。なかでも創業時に直面しがちな「資金繰り」の苦しさはスタートアップ、中小企業共通の悩みと言えます。

なぜそんなにつらいのか、一つひとつエピソードを交えながらご紹介していきましょう。

まずはわかりやすい**「給料」の悩み。**社長になると給料日の感覚は会社員時代とは180度変わるのです。

会社員の方にとって（特に若手の頃は）、25日や月末などの給料日が「待ち遠しい」日なのではないでしょうか。あるいは、むとんちゃくな人なら、「ああ、もう月末か。給料振込まれたな」程度の感覚かと思います。

一般社員やマネジャー職はもちろん、雇われ社長のような立場の人でも、給料日に対してそこまで強い意識はないでしょう。私自身、エッグフォワード創業前に、コンサルティング会社でアジアオフィスの代表をしていたときも、給料が何日の何時に払われているかなんてあまり考えていませんでした。

ところが、**社長になると、給料日は「しんどい日」に変わります。**

社長にとって、給料＝払うものであり、給料日とはお金が出ていく日だからです。

お金が潤沢なら悩むことはないかというと、そんなことはありません。

特に創業期は、限られた資金のなかで、常に事業のやりくりをしています。給料支払い日の25日が近づくと、「うわあ、もうすぐ25日か」「今日もう20日なんだけど、25日、あと5日しかない……」とゆううつになります。

なんとか今月の25日を乗り切ったとしても、当然、翌月の25日がやってくる。そこを乗り切っても、また翌月の25日がやってくる。「うわあ、また25日くるわ」と毎月嘆いているような状況です。

創業期に、給料日が近づくと「最後の審判」のような気持ちになったことのある社長は、きっと私だけではないと思います。

売上が入る前に支払いが生じる恐怖

もちろん、毎月の支払いは給料だけではありません。外注費用や事務所の家賃、水道光熱費、社会保険、税金など、さまざまな支払いが次から次へと押し寄せてきます。

当たり前ですが、名刺1枚、コピー1枚から、交通費、取引先との会食まであらゆる「モノとコト」にコストがかかります。

そうした支払いに対して、入金されたお金でどうにかこうにかギリギリで払っていく。私が見てきた限り、創業初期の企業のほとんどが、この「自転車操業」の状態に一度や二度は陥っています。

いまや業界を代表するような規模にまで成長した企業であっても、創業期の資金繰りの困難を（しかも、往々にして何度も）乗り越えた経験をしているのです。

特にスタートアップと呼ばれる急成長企業では、将来的な黒字化を見据えて、調達したカネをあえて投資に回し、その結果、赤字経営をせざるをえないようなケースがあります。

これはこれで悩ましいのです。

もう少し詳しく説明しましょう。

手元の資金が1億円あるとして、キャッシュフロー上で毎月1000万円ずつ赤字だったとしたら、単純計算で10カ月間は会社を維持できます。

「将来の成長に向けて、手元にある資金を注ぎ込んでいこう」

多くの社長はそう考えます。

ただし、10カ月後までに資金手当てをしないと当然、お金が回らなくなります。お金を調達して事業に向かっていたら、日に日にお金が減っていくわけですから、それが常態化すれば、会社が倒産してしまうのは誰にでもわかります。

したがって、全力で事業に集中したくても、常に次の資金手当てのことも考えないといけません。

会社が存続するために、資金繰りのことが頭から離れないというのは簡単に言えば、こういうことです。会社規模によらず、着金日が1日ずれていたら、支払いが間に合わなかった、そんなケースも無数にあるのです。

しかし残念なことに、いわゆる自転車操業的な経営だけではなかなかうまく回らないのが現実です。「売上が入ってきた後に費用を支払う」という流れになれば良いですが、**規模の小さい会社だと「売上が入ってくる前に、支払いが生じる」ケースが少なくありません。**

会社員であれば、自分がかかわった仕事の売上がいつ入金されるかを正確に把握している人はほとんどいないでしょう。

実際、売上は、当月の業務に対して請求書を発行したら、翌月末に振り込まれたら早いほうで、大手企業は支払われるまでの期間が長く、翌々月末まで待つこともあります（製造業では翌々々月末ということも）。

「本当に支払われるのか、忘れられていないだろうか」と不安な気持ちを抱えながら来る「振り込み日」いや、正確には「着金日時」を待つことになります。*

みるみるうちに資金が「溶けて」いく

「いやいや、まとまった資金が手元にあって創業したのであれば、そこまで短期の資金繰りに奔走するはずがないのでは？」

賢明な読者の皆さんはそう思うかもしれません。たしかに、どんな社長も最初から望んで自転車操業的な経営をするはずがなく、ある程度のお金を工面したうえで事業を始めるのがセオリーです。

しかし、創業初期の企業だと、はじめから安定的に利益が出ることは稀であり、多くの

＊ 先方が送金処理をしても、実際の着金までタイムラグがあることもあり、通帳の記帳を何度もしたり、ネットバンクの更新ボタンを連打したりした経験がある社長も少なくないでしょう（笑）。いや、笑えないですね。

場合、売上が予想を下回ってしまう「残念な現実」を目の当たりにします。

しかも、先に書いたように会社があるだけで費用は容赦なく外に出ていき、その費用はたいてい予想を上回ります。事業を成長させるには先行投資をせざるをえないので、人や設備、広告などにもお金を使い、気づいたら、みるみるうちに調達した資金が「溶けて」いくのです。

お金が必要なら借りればよいのでは、と思う方もいるかもしれません。

もちろんそれも有効ですが、**お金を借りるのだって容易ではないのです。**

そもそも消費者金融でもない限り、即日で貸してくれる金融機関などまずありません。銀行や信用金庫などから借りるには、審査のための細々とした（というと怒られますが）書類を大量に用意する必要がありますし、資金繰りが苦しくて銀行へ相談に行ったら、その打ち合わせ自体が1カ月以上先になる、なんてこともザラにあります。しかも後述するように、借入金を返すというのも、また大変なことなのです。

そうして資金繰りがうまくいかなくなると、遅かれ早かれ、支払日に手元の資金が足りなくなる事態が起こります。手元の資金を使い切るまでに残された時間を「ランウェイ」と言いますが、それがいよいよ「0《ゼロ》」になってしまうのです。

資金繰りに忙殺されると、会社の成長が止まる

数多くの企業例にもれず、**私も、エッグフォワードの創業当初は、そんな「ランウェイ0」の状況に、恥ずかしながら何度も直面しました。**

私自身、自分ではキャッシュフローの概念はよくわかっていたつもりでした。エクセルを使ったキャッシュフローシミュレーションも、コンサルティング会社時代に何度試算したかわかりません。

しかし現実は、机上論通りにはならなかった。

事業計画通りに売上が進捗しない。受注は増えず、費用は膨らむ一方。

ビジョンを掲げ、事業を伸ばそうと起業した手前、急なコストカットを断行するわけにもいかず、その結果、予定していたよりも大幅に状況が悪化し、あっという間に資金は溶けていきました。

すぐに対策を講じようにも、社長自ら営業活動をしながら受注先に納品をしているような状況では、新たな対策に時間をかける余裕もなく入金が追い付きません。

当たり前に聞こえるかもしれませんが、苦しくなってきてから対策を考えるようでは、「時すでに遅し」なのです。

支払いが遅れて信用が傷つくのだけは何としても避けたくても、予定していた入金が先方都合で遅れてしまい、期日通りに支払えなかったこともありました。

それでも、重要度の高い取引先への支払いの目処をどうにかつけられたと思ったのに、優先度の低い（というと、また怒られそうですが）支払いが先に口座から引き落とされてしまい、総額が足りず、大事な取引先に支払えなくなったことも。

金融機関がこちらの引き落としの優先度を配慮してくれるはずもなく、そもそも支払い総額が足りていない状況の会社が要望を言える立場にありません。

嘆いたところで何も解決しないので、支払い時期を遅らせてもらうよう交渉したり、逆に入金を早めてもらえないか掛け合いつつ、並行して資金手当てをしたりと、冷や汗を何度も何度もかきました。

なにも自分の恥ずかしい過去を開陳したいわけではありません。

あえて断言しますが、**資金繰りに忙殺されたい社長はただの一人もいない**のです。自分が資金繰りに悩むと思って創業する人もいないでしょう。

そんな社長も（私もその筆頭でしたが）、手元の資金が足りなくなれば、日々資金繰りのことばかり考えるようになります。

資金繰りが悪循環に入れば入るほど、頭の中のシェアをとられます。

最悪なのは、目先のお金をかき集めることばかりに忙殺されて、本来、社長がしなければいけないことに時間を割《さ》けなくなることです。

成長戦略を考えて必要な投資をするといった、大事な使命が頭からすっぽり抜け落ちてしまう。**創業時に掲げた崇高なビジョンも「明日のご飯」に困ってくると、どこかに行ってしまうのです。**

社長は立場上、なまじ責任感もあるので、関係先の支払いに対応するためだけに右往左往します。すると、どうなるか。

会社の成長が止まってしまいます。ビジョンもうやむやになり、人も離反します。

こうした事態を防ぐためには、当たり前すぎて身もふたもないように聞こえるかもしれませんが、事業を進捗させつつ、不要なコストを極限まで抑えるしかありません。

そして資金計画と調達のサイクルをとにかく前倒ししていく。社長が１００人いれば１００人全員が深くうなずくと思いますが、それに尽きます。

2 「未来を見据えた経営」をしたくてもできない本当の理由

先行投資すべきか、せざるべきか

創業時に自転車操業に陥らないためにも、「今どれだけお金を使っていて」「これから何にどれだけお金を使いそうか」といった視点で、先々の見通しを立てることが必要です。

今を見るのではなく、少し先の未来を見てカネをマネジメントすること。

先を見る期間は長いに越したことはないですが、**理想を言えば短くてもまずは1年以上、少なくとも6カ月先まで見越して手を打ちたいところです。**

しかし残念ながら、特に創業初期のスタートアップや中小企業では、半年から1年以上先まで「ちゃんと」見られている社長はほとんどいないのが現実です。*

そもそも利益が予想通り出ていない会社であれば、資金繰りの問題よりも、「利益が出ていない状況」を直視すべきです。まずは、ここから改善する必要があります。

極めて単純に言えば、利益とは売上からコスト（費用）を引いた「余り」ですが、利益を出し続けるのは容易ではありません。

よりシンプルに言い換えると、利益を出す方法は、売上を持続的に増やし続けるか、費用を減らすか、どちらかです。

費用には、変動費と固定費があります。

変動費というのは売上に応じて変わる費用で、固定費はオフィスや工場の賃料や固定で雇っている社員の人件費など、変わらない費用です。

ここのバランスは難しく、会社によっていろいろな考え方があります。

たとえば会社経営には「ゴーイング・コンサーン」という概念のように、会社が続いていくことに意味があるという考え方があります。ただ、悩ましいことに、**持続することばかり考えると、何もチャレンジできなくなってしまうのです。**

先行して人を雇わないとビジネスは大きくならないし、先行して設備投資もしないとそもそも売上が立ちません。逆に先行投資をせずに守りに入れば、事業の競争優位がなくなっ

＊「ちゃんと」とは、会社を持続的に運営するために必要な「カネ」の状態を維持することです。

て、もはや投資もできないし、いい人も集められない。いずれ事業が停滞していくという悪循環に陥ります。

そう考えると、先行してお金を使っていくべきかもしれませんが、それはそれで難しい。人材を例に挙げると、採用した段階ではその人は1円も売上を生んでいない状況で、採用費もかかるし、人件費もかかります。

「利益の範囲の中でしか費用は使わない」と決めれば、赤字にはなりにくいのですが、ビジネスが立ち上がり投資を回収するまでに時間がかかります。このあたりのマネジメントがうまくいかないと、利益が出ない一方で、どんどんお金は減っていきます。

そのため、未来を見据えたスタートアップは、将来的な成長を前提にお金を調達して、事業を前進させます。言い換えれば、**限られた「今」の原資をもとに経営を成り立たせながら、「中長期的な」売上成長を実現していかないといけないのです。**

リソースは減っていく一方なのに、未来の成長を加速させ続けないといけないというパラドックスの中で戦っているわけです。

経営原資のマネジメントと成長の実現という、「時間軸」が違う両者のつじつまを合わせなければならないわけですから、これは非常に困難です。それに、赤字だったらお金がなくなるし、黒字だったら税金がかかるし、どちらのケースでも資金繰りは大変です。

したがって、どのゴールを目指すかを常に確認しながら、ゴール到達までにどの時期から資金を手当てすべきなのかも併せて計画しておく。進むべき方向を見据えた先手先手の舵取りが、社長には求められます。

社長にとってのP／L、B／S、C／F

こうした資金繰りの手当てを先んじて実行するために欠かせないのが「財務三表」です。自社の財務三表を見れば、現状を正確に把握することができます。

少しだけ専門的な話に入りますが（詳しい読者の方々には釈迦に説法かもしれませんが）、**財務三表とは、P／L（損益計算書）、B／S（貸借対照表、バランスシート）、C／F（キャッシュフロー計算書）**のことです。

ビジネスパーソンは簿記や会計を勉強している人が多いので、社長でなくても、自社の財務三表をチェックしたことのある方も多いでしょう。ただ、組織で働くいちビジネスパーソンと社長では、見ている部分が違います。

最も違う点は、**社長は「一気通貫で見ないといけない」ことです。**日常的に財務三表を見ているビジネスパーソンも、ほとんどの人は一部分しか見ていません。

いや、見ていないというよりは見る必要がない。実際に仕事をするうえで必要になるのは一部分だけだからです。

たとえば、営業パーソンは売上を見ますが、コストサイドまでは見ないケースが多い。せいぜい売上から原価を引いた「粗利」ぐらいまででしょう。受注と値引きも含めた粗利までが管轄範囲であることが多く、コストの中でも自分たちが関与していない販管費、たとえば本社の経費までは細かくチェックしません。*

それに対し、社長はB/SやP/L、C/Sをすべて見る必要があります。現状を把握し、未来を予測するときに、三表すべてを見ないとわからないことがあるからです。

特に創業初期において悩みの種になりがちなのが、**P/L上の利益とキャッシュフローが一致しないことです。**「P/Lで見ると純利益が出ているのに、手元に資金が全然ない」ということが起こりがちなのです。

「キャッシュがない!」が起こる理由

P／L上の利益とキャッシュフローが一致しない原因はいくつかあります。

一つは、**単純に、帳簿上に売上や費用が計上されるタイミングと、実際に入金されるタイミングが異なるためです。**

P／L上では役務《えきむ》（わかりやすく言えば「業務」です）を提供した月や期に売上が計上されるケースが多いですが、お金の出入りはそうではありません。仮に1月に役務を提供した場合、売上は1月に計上されますが、入金はほとんどの場合、2月以降です。

1月の時点で見ると、P／Lの上では売上が立っているけど、C／Fの上ではプラスにはなっていないわけです。

それどころか、先行して外部の企業に仕事を発注したり、何かを購入したりしていると、売上が立つ前に費用がかかるので、むしろキャッシュは出ていっていることがあります。す

＊コーポレートもじつは、コスト面では一気通貫で見ているようで、すべての事業を見ているわけではありません。P／Lが上から下までどうなっているか、B／Sにおいて、自社のアセットが何で、それが他人の資本なのか自己資本なのか、といったところまで細かく見るケースは稀です。

ると、Ｐ／Ｌ上はプラスなのに、Ｃ／Ｆ上はマイナスというややこしいことが起こるわけです。

請求書発行から入金までの売り掛け（や買掛）の期間を「サイト」と言いますが、これが長ければ長いほど入金が遅れます。サイトが翌月末の場合は、請求書発行から1カ月で入金されるし、翌々月だと2カ月後になります。

こちらとしては、キャッシュフロー上はなるべく早く入金してもらったほうがいいのですが、支払う側の都合でいえば、先延ばしできればできるほど望ましいので、先延ばしにする会社が少なくないのです。

さらに決算期で考えると、その期で役務が終えているものは売上計上されますが、実際の入金は決算をまたいでから、というケースがあります。すると、利益は出ていて納税しなければいけないのに、肝心のお金が入ってきていない、という事態に直面します。[*1]

Ｐ／Ｌ上の利益とキャッシュフローが一致しない二つ目の原因は、**機械や設備の「減価償却費」**です。

少し説明を加えましょう。

機械や設備、不動産を買ったとき、一度にすべての額が費用に計上されるわけではありません。

機械であれば、1年しか使わないわけではなく、5年、10年と使います。そこで、取得費用をその年数で按分《あんぶん》して、数年に分けて費用計上しようというのが減価償却費の基本的な考え方です。仮に5年で計上するとしたら、今期は5分の1しか費用は計上されません（詳しい方には重ね重ね、釈迦に説法で恐縮ですが）。

ところが代金はたいがい、一括で支払うように求められます。その場合、キャッシュは全額出ていってしまったけど、P／L上の費用はその5分の1しか計上されません。

すると、費用が少ない分、P／L上は利益が出ているけれども、キャッシュはない、ということが起こります。利益が出ていると税金を払わないといけないので、「あれれ？」と一瞬、混乱します。

お金をいっぱい使ったのに、なぜか利益だけが残って、さらに税金も支払う必要があり、資金繰りが大変、といった〝怪奇現象（原理を知れば、何も怪しくないですが）〟がよく起きるのです。[*2]

＊1 これが発展すると、最悪の場合「黒字倒産」になることも。会社が成長し、顧客を開拓できたり、新たな事業を始めたり、新商品を投入したりすると、大金が先に出ていきます。黒字だけど、支払いができず倒産を招いてしまうのです。

＊2 ちなみに、創業期、月末の資金繰りが難航していた際、支払期日よりも大幅に前倒しして入金してくれた会社があり、大変ありがたかった経験を今でも覚えています。

借りたお金は、そう簡単に返済できない

資金繰りを考えるには、B／S（貸借対照表、バランスシート）もチェックしておく必要があります。自社には資産もありますが、創業初期に多いのは債務関連です。

たとえば、借り入れを増やしすぎて、借りているお金の比率が高くなりすぎると（自己資本比率が下がると）、銀行の「与信」*が下がります。

「ビジネスの実態以上に借りているんじゃないか」「利益が出ていないのにそんなに借りて大丈夫か」と審査されて与信が下がっていくと、利率が高くなったり、お金が借りられなくなったりします。ちなみに、高い利率はあとでジャブのようにじわじわ利いてきます。ビジネスを持続的に拡大したいのに、利息を返さねばならず、返済にも追われていると いう状態に陥ります。

「社長は財務三表を一気通貫で見る」という話をしましたが、なかでも重点的に見るべきポイントがあります。

会社の規模や事業特性（日銭商売なのか、中長期的な投資からリターンを得る商売なのかなど、ビジネスの内容）によってまったく変わりますが、まず、**共通して見ないといけないのは、「キャッシュフローの見込み」です。**

資金繰り表をつくる会社は多いですが、創業初期だとしても、今、お金がどれくらいあり、これから会社に入るお金と出ていくお金がそれぞれどれくらいあって、キャッシュが回り出すのはいつぐらいになる見通しなのか。ある程度具体的な「未来」を把握しておくことは大切です。

そして、**その前提となるのが、P／L上の利益です。**

金融機関から借りたお金は、1年なり3年なり5年なりの契約にのっとって返済しなければいけませんが、これは事業上の利益（営業利益）から、利息などの事業外の費用や、税金等を払って残ったお金で返します。

当たり前に聞こえると思いますが、結局のところ、利益を出さないと返す原資がないのです。

＊与信とは文字通り、取引相手に対して信用を与えることです。この与信を確認し、取引額を管理することを「与信管理」と言います。

しかしそんなに多くの利益を確保するのは容易ではありません。

たとえば、1億円借りていたとしましょう。1億円利益が出たので返そうとしても、利益の30～35%程度に当たる税金（法人税など）を支払うと、6000万円強しか残りません。1億円の借金を返そうとしても返せないのです。

ということは、1億円の借金を返そうとすると、1億円以上の利益を出さないといけないわけですね。

そう考えると、少なく見積もっても1億5000万円程度の利益を出さなければなりません。そのためには売上をさらに上げないといけません。

仮に営業利益率が10%だとして、利益を1億5000万円残すには、15億円もの売上を出す必要がある。

借りたお金を返すのがいかに大変か、多少なりともイメージをつかめてもらえたと思います。

3 人は簡単にお金を出したがらない。「出資したくなる社長」になれ！

創業初期は投資家から資金調達する

とはいえ、自社の稼ぐお金だけで事業運営をするのは非常に難しく、会社は何らかの資金調達を行なうのが一般的です。

では、どのようにしてお金を調達したらよいのでしょうか。

資金調達の手段には、大きく分けて「エクイティ(Equity)」と「デット(Debt)」の二つがあります。

エクイティとは、株主資本のことです。創業初期は、株式の100％を創業者や創業メンバーが持っています。その一部を、「エンジェル」と呼ばれる個人投資家やベンチャーキャピタルにお金と交換（＝出資）してもらい、資金を調達するのです。

株式の値段は、単純に言うと「今の企業価値はこれくらい」という値段をはじき出し（＝バリュエーション）、それを元に決めます。たとえば企業価値が１００億円になると仮定したら、全株式の10％と引き換えに10億円を出資してもらう、といった具合です。

一方、デットは負債のことです。金融機関からの借り入れが主な調達手段で、社債やコマーシャルペーパー（ＣＰ）*などの方法もあります。

エクイティは資金を返済する必要がありませんが、デットは必ず借りた相手に返済しなければなりません。

創業初期に最も資金を調達しやすい方法は、少額のデット、すなわち公庫や地元の信用金庫等から創業関連融資を受けることです。

もっとも、貸してくれるといっても一般には数百万円程度で、最初から１０００万円以上貸してもらえることはまずありません。事業としての将来性も会社としての信用もないうちは仕方のないことです。

個人事業主レベルの事業ならそれでも良いですが、大きな事業を展開するには数百万円では足りません。創業初期は、だいたい事業がうまくいかないので、手持ちの資金だけで成り立つケースは極めて稀です。

そうなると、将来的な成長を志すスタートアップの場合は特に、創業の初期段階で投資家からエクイティによる資金調達をすることが必要になってきます。

上場は投資家への最大の「恩返し」

エクイティのメリットは、事業が立ち上がっていない、成果がまだ出ていない状況でも、将来の期待価値を前提にして資金調達ができることです。

「こんなことを実現したい、こんな事業を進めていく予定です」という志やビジョンしかなく、事業の先行きは極めて不確実であったとしても、起業家の想いに共感し、応援してくださる投資家が見つかれば、株式と引き換えに資金を得られます。何もない会社の将来性にかけてお金を出していただけるのは、本当にありがたいことです。

もちろん、株主になった投資家は自分たちの未来に投資をしてくださるわけですから、な

＊コマーシャルペーパーとは、公開市場において割引形式で発行する無担保の約束手形のことです。無担保のため、ある程度の信用のある企業のみ発行できます。

んとしてでも事業を成長させて、恩返し（＝リターン）しなければなりません。

最大のリターンはなんといっても、「上場」です。株式を一般の投資家に売り出すことで、取得時よりも株式の値段が上がれば、投資家は売却益を得ることができます。

エクイティによる資金調達をすると、持続的な成長に対する大きな責任を背負うことになるというわけです（M＆A等の他の出口戦略に関しては第5章で詳しく解説します）。

また、**優良なベンチャーキャピタルに投資してもらえると、程度の差はあるものの、アドバイスやサポートが受けられます。**上場に至るまでのストーリーを描く手助けや、お客様の紹介など事業面のサポートをしてもらえることもあり、事業を成功させて上場できる確率が高まると言えるでしょう。*

エクイティは投資家選びを間違えると痛い目にあう

ただし、これまで私自身が多くのスタートアップへ出資し、支援してきて思うのは、エクイティによる資金調達は、「落とし穴」も多いので、注意が必要だということです。

本当によくある失敗例は、目先のお金につられて、自分たちとは考え方が異なる投資家やベンチャーキャピタルから資金調達したために、後になって揉《も》めることです。

株式と引き換えにお金を出してもらうということは、「口も出される」ことを意味します。「このお金、勝手に使っていいよ、何の報告もしなくていいよ」という気前のいい投資家はほとんどいません。やはり出資するからには成功してほしいので、「良かれ」と思って、アドバイスや管理をしてきます。

それを考慮しないで、自分たちが目指している会社や事業と考えが異なる投資家を選ぶと、十中八九揉めます。

投資家と起業家の間で方針の不一致が生じてしまうことほどの苦行はありませんが、相手は「株主様」です。株主の了承が得られないと、やりたいことができずに、事業がストップしたり、頓挫したりすることもありえるので、あからさまに対立するわけにはいきません。

特に創業初期はのどから手が出るほどキャッシュが欲しいので、つい「気前よく出資し

＊ 一口にベンチャーキャピタルといっても、その関与度や担当者による力量の差が非常に大きいのは事実です。会社員的なベンチャーキャピタルだと、担当者が頻繁に替わることもあります。

てくれる」投資家を後先考えずに引き込んでしまうのですが、相手はお金を「くれる」わけではないのです。そこで選択を間違えると、事業の足を引っ張ることになりかねません。本来なら事業に集中すべきところ、株主対応に多くの時間とリソースが取られてしまった会社を数多く目にしてきました。[*1]

方針が合わない投資家がいる場合は、株を買い戻して、お引き取りいただくことは論理的にはありえますが、一筋縄でいくはずがありません。

交渉するにも、心理的にも大きな負担が生じます。同じ値段で買い戻せることはほぼなく、「今まで関与したことの対価だ」と法外に高い値段をふっかけられ、裁判になっているケースすらあります。エクイティの調達は、「やっぱりなかった」ことにはできず、基本的には不可逆なのです。[*2]

会社が乗っ取られ、創業者が追い出されることも

創業者や創業メンバーの株式の持ち分が減ることで、トラブルが起こるのも、エクイティ

の落とし穴です。

株式を保有している株主は、株主総会の議決権を持つようになります。

株主総会では、取締役の選任や株式の配当、定款《ていかん》の変更など、さまざまな事案を決めるときに、株主が賛成・反対の票を投じます。

事案によって過半数以上の票で決まる場合や、4分の3以上の票で決まる場合がありますが、創業者や創業メンバーの保有比率が下がると、自分たちの意に沿わないことを決議されるリスクが生じることも頭に入れておくべきです。

また、持ち株の保有比率によっては代表取締役を解任できるようになります。最悪の場合、会社を乗っ取られて、創業者が追い出されることも十分にありえるのです。

スティーブ・ジョブズが、自分が創業した会社から一時追い出されたことは有名ですが、これは遠い世界の話ではなく、どこの会社でも起こりうることです。

＊1　創業初期の起業家には抜け落ちがちな視点ですが、資金調達は事業を続けていれば、何度も行ないます。その際、「どの投資家から調達しているか」はブランドにもなりえますが、評価が分かれる投資家が入っているとネガティブに働くこともあります。

＊2　契約書を結ぶ際にも法務機能が弱いために、投資家の言いなりになってしまい、「投資家の求める条件に沿って買い戻さないといけない」「投資家都合で他の投資家に自由に売買できる」など投資家を優先する契約を結ばされるケースも見かけます。

実際に、創業者自身が、対立する他の経営陣と株主で結託されて追い出されるケースに私自身も何度も立ち会ったことがあります。臨時の取締役会で、突然（といっても社長以外には話がついていて）解任動議が出されるのです。本人も理解ができないうちに居場所がなくなる。そんなことがありえます。

こうしたトラブルがなくても、創業初期に必要以上に多くの株式を吐き出すと、再びエクイティで資金調達をするときに残っている株式が少なく、追加調達ができません。

仮に上場しても、一番苦労してきたはずの創業者や経営チームのファイナンシャルリターンがわずかで、タイミング良く入ってきた投資家にリターンをたっぷり持っていかれる……。

もちろん、リターンのためだけに起業したわけではないでしょうが、こんなやりきれない事態も起こりうるのです。*

信頼できる投資家を見極めるには？

以上のことを踏まえると、エクイティで資金調達をする場合は、自社にとって良い投資家をしっかり見極めることが大切です。

エンジェルにしてもベンチャーキャピタルにしても、どういう思想を持っていて、他にどんな会社に出資していて、どのような関与をしているのかは、出資してもらう前に確認したいところです。

とはいえ、起業家が金融機関やベンチャーキャピタルの出身でもない限り、その見極めは難しいでしょう。創業チームに、CFO（最高財務責任者）のような経験を持っている人がいれば話は別ですが、そうした例も稀です。

そこで行ないたいのが、信頼できる投資家を人づてで探すことです。

まず、こういった投資家はエクイティの仕組みに長けているので、資金調達に関して適切なアドバイスが得られます。投資の業界では、良くも悪くも投資家の評判が回っているので、そうした情報もつかめるといいでしょう。

それだけでなく、**有能なエンジェル投資家やベンチャーキャピタルに出会えると、起業家の視座を上げてくれます。**

＊私は起業家の皆さんに、エクイティによる資金調達を「自分の身体の一部を渡してまでお金を調達する」行為と伝えています。慎重に行なわないと、手も足ももがれて、のちのち痛い目にあうというわけです。

「目先の黒字や明日の売上を追ったり、今日の赤字を1円減らしたりするのも大切だけど、君にはもっと未来のために、するべきことがあるでしょう?」「トラブルシューティングばかりに時間を使うのではなく、将来的にどうしていくのか、そこを踏まえてリソースも割くべきだ」などと未来軸で話をしてくれるので、起業家も大局的な視点を取り戻せるのです。

エッグフォワードもベンチャーキャピタルとして、出資先の企業には経営や組織の支援をほぼ無償で行なっています。

いずれにしても、自社に適した投資家を見つけ出すことは、事業を中長期的に成功させるうえで欠かせない要素と言えるでしょう。素晴らしい投資家を見つけ出すには、周りの起業家や投資家に話を聞いたり、実際に会ったり、と自分の足で稼ぐことが大切です。*

ビジネスモデルよりも「社長の本気」を見られている

一方で、注意してほしいのは、逆もまた然りということです。優良な投資家やベンチャーキャピタルには、数多くの起業家が出資を求めて集まります。

そうである以上、自分自身が、素晴らしい投資家に選ばれるような起業家である(少なくともあろうとし続ける）ことは必要不可欠です。

じつは、**投資家が、SEED（シード）と呼ばれる創業初期のスタートアップを評価する基準は、ビジネスモデルよりも、圧倒的に「起業家」本人**です。

「この人は本気なのか」「本当に目指している世界があるのか」「しんどいときにブレないか」といった志の部分を見て、「人」に投資をしているのです。結局、事業はピボット（変化）していくことが多いので、初期の会社ほど、人で判断するというわけですね。

武勇伝を語るつもりは毛頭ありませんが、私も出資して、後に世界を代表するような企業を育て上げたある起業家は、創業初期はご飯が食べられなくて、ファーストフードの残飯を食べるくらい切り詰めていたそうです（それを推奨しているわけではもちろんありません）。

実際に、彼はどれほど苦労があっても決して諦めず、事業の転換を繰り返していました。「それだけの苦労を重ねてでもこの事業をやり遂げる」といった強い想いがないと、投資家も貴重な自分の（もしくは他者から預かった）お金を出そうとはしない、と考えたほうが

＊著名であれば良い投資家とは限りません。口では良いことを言う人でも実態は違うというケースもあります。見極めは難しいのですが、いろいろなタイプの起業家に会うことで、見る目が養われてくるでしょう。

良いでしょう。

創業初期の会社の価値は、「数値」だけでは決まらない

出資してもらうにあたり、株式の値段を算出する前に、企業価値を算定する必要があります。企業価値を算定することを**「バリュエーション」**と言います。

バリュエーションはDCF（割引キャッシュフロー）法で行なったり、PER（株価収益率）を試算したり、といろいろな方法がありますが、いずれも創業初期のスタートアップには適用しづらいのが実態です。

では、どうやって企業の価値は決まるのでしょうか。

意外かもしれませんが、創業初期の場合は、おおよその事業計画は見るものの、売上の計画値等を踏まえて、実際の数値は、「まあ、このフェーズなら今後の伸びしろを含めてこんなもんでしょうかね」といった力技で着地するケースが大部分です。

「将来数値」や「類似企業」という根拠はあるにはあるのですが、初期は事業内容がコロコロ変わるケースがとても多く、計画もぶれるので、あまり意味がないのです。

「将来的にこれくらいの会社になりますので期待してください」「算定した価値を信じて、投資してください」と言いながら話がまとまっていきます。だからこそ、シードと呼ばれる創業初期のエクイティ調達は社長次第になるところが大きいわけですね。

そもそもスタートアップへの投資は、非常にあいまいで不確実なものです。

「全部が全部、計画通りいくことはない。投資したなかで、本当に計画通り、あるいは計画以上に成長するスタートアップが一定割合あれば良い」くらいに投資家も考えています（うまくいくに越したことはありませんが）。そういう構造の中で、だいたいの相場感が決まっていると言えるでしょう。

逆に、ある程度成長が進んだスタートアップは、ミドルやレイターと呼ばれ、上場が見えてきたようなスタートアップの場合は、事業の計画や成長性がある程度計算しやすくなります。その数値をベースに算出したディスカウントキャッシュフロー（ＤＣＦ）や、類似企業などの根拠をもとに交渉するケースが大半です。

特定の資金調達ラウンドをまとめるリード投資家《インベスター》やベンチャーキャピタルが条件を主導し、フォロー投資家と呼ばれる他の投資家とコミュニケーションをとりつつ、話をまとめます。

ちなみに、**初期段階の組織ほど、「経営陣の質の高さ」もまた有効な評価指標になります。**

そのため、出資の確率を上げるには（出資に限らず事業を成長させるうえでも）、社長一人ではなく、経営の能力が高く実績のある人を創業メンバーに加えることがポイントだったりします。

名が知れているというだけではなく、専門スキルの高さ、チーム間の親和性、人脈の広さといった観点から、「この経営陣であれば、この会社の成功可能性が上がるだろう」、と投資家に判断されれば、十分に出資の材料になりえます。

有名な起業家や元社長を、社外取締役や会長、顧問として迎え入れる理由の一つも、そういう「箔《はく》」をつけるためです。*

とはいえ、本質的には、箔だけでなく、持続的に成長し続けられるような経営チームを組成して、事業を拡大させる構造をつくり投資家にその魅力を伝えることも大切なのは言うまでもありません。

投資家は「未来」を見て、銀行は「過去」を見る

一方で、銀行は投資家のようにはいきません。デットによる資金調達、特に創業初期に銀行から借り入れることは難しいと先述しましたが、その理由として、**銀行は融資の判断をするとき、企業の「過去」しか見ないからです。誤解を恐れずに言えば、将来の価値はまったく関係ありません。**

投資家は「未来」を見ますが、銀行は「過去」を見るのです。

メガバンクや地銀のような大きな銀行は、過去3期分の財務諸表を金融機関の与信管理システムに入力すると、与信ランクや倒産確率などが出て、それで融資するかどうかの判断を下します。3期経っていないスタートアップはこれができないので、難しいというわけです。

1期分のP／L（損益計算書）だけでも判断してくれたりもしますが、赤字だと、融資のハードルが一気に上がります。つまり、創業初期は構造的に一定以上の融資を期待するのは難しいのです。

＊出資に関係なく、過去にスタートアップを立ち上げて、成功あるいは失敗させた経験をしている人がいたほうが、成功確度は上がりやすいと言われます。スタートアップは同じような落とし穴でうまくいかなくなるケースが多いので、失敗した経験でも貴重な財産になるのです。日本ももっと挑戦と失敗に寛容な社会になるべきですね。

最近こそようやくベンチャーにも融資をしていく流れが生まれつつありますが、そもそもメガバンクは与信のない会社には銀行口座すら開設してくれないケースもまだあります。私自身も創業期、あるメガバンクに何度も資料を提出したものの、当時は信用のなかった当社に対して融資の話はおろか銀行口座すらも開設させてもらえませんでした（のちに成長した後、支店長から苦笑いで謝られましたが……）。

ようやく融資を受けられたとしても、金融機関は厳しく経営をチェックします。

どんな会社も、売上の波があり、時には利益水準が悪化するものですが、そんなことはお構いなしです。

ある会社の話です。事業が順調なときは、銀行から追加融資の営業がありました。ところが、あるとき、事業環境が大きく変わるタイミングで、収支が大幅に悪化しました。すると、金融機関の担当者から手のひらを返したように「（内諾していた）新規の融資は取りやめたい」と告げられ、さらに「月次の決算状況はどうですか」と電話がかかってきたといいます。

財務状況が悪化し負債が増えすぎると、銀行内で査定ランクが下がる。最悪の場合「破綻懸念先」に指定されるので、担当者としては敏感にならざるをえないのです。

こうした例はよくありますが、銀行や金融機関が悪いわけではもちろんありません。お金を貸すのは非常にリスクのある行為ですから、銀行がリスクヘッジをするのは当然のことです。*

とはいえ、銀行も人の集まり。ルールに対して厳格ではありますが、なかには担当者が親身になってくれるケースもあります。想いを持った担当者が、審査部や支店長と掛け合い、与信審査を通してくれた例もありました。

だからこそ、**銀行とは苦しいときにお金を貸してほしいと頼るだけではなく、仮に順調であっても、円満な関係を築いておくに越したことはありません。**私の過去を思い返しても、決して簡単に融資がおりるような状況ではなかったにもかかわらず、支店長に自ら掛け合いながら、融資実行を決めてくれた当時の担当者には今も頭が上がりません。

スタートアップに限らず、会社が一定以上の規模になると、運転資金の確保や設備投資などで、銀行からの借り入れは必須になってきます。金融機関とうまく付き合っていくためには、相手の論理を知っておいて損はありません。

＊私も社長として事業を一生懸命やっているのに、銀行の担当者から「いや、債務超過になると私の成績が」という話をされて、ちょっとイラッとしたこともありました(笑)。

マクロ環境次第で調達状況が激変することも

エクイティにしてもデットにしても、資金調達で注意したいのは、マクロ環境の変化に大きく影響を受けることとです。**日米の金利の状況や国際情勢などによって、調達が数カ月で急激に難しくなることもあります。**調達の準備を進めているなかで状況が変わってしまい、調達ができなくなるケースは珍しくありません。

実際によくある事例の一つですが、こんなことがありました。

スタートアップの株価水準をはかる指標の一つに、PSR（株価売上高倍率）があります。ある企業の時価総額が1年間の売上高に対して何倍の水準になっているかという、やや乱暴な企業価値の算定方法なのですが、当時のスタートアップは売上さえ伸びていれば、どれだけ赤字でも将来的な成長見込みがあるというだけで、企業価値が高く評価されていました。

ところが、調達環境が厳しくなった数カ月を境に、売上が高くても企業価値が評価されず、資金調達ができなくなってしまったのです。

「もっと早く動いておけばよかった」と後悔しても、時すでに遅しです。

社長はエコノミストではないので、マクロ環境の変化を予測するのは簡単ではないでしょう。それでも、いろいろな人に話を聞きながら、自分なりに仮説を立てていくしかありません。


予定していた調達計画が頓挫《とんざ》し、数カ月後にはキャッシュショートすることが確実。「なんとかしないといけない」と、気持ちばかりが焦りますが、資金調達の予定が狂ってしまったら、何らかの手を打つしかありません。

「株式を本来の価値よりも下げた価格で売却し、調達する」「借り入れ手段を模索する」などの方法もありますが、それも難しい場合、最近は**「経営戦略を修正する」**ケースをよく見かけます。赤字を出してでも売上を伸ばしていくのではなく、短期的にコストカットをして赤字を減らし、多少成長のペースを調整するのです。

投資家から「半年前は全然違うことを言ってただろう」とツッコミを入れられかねないですが（実際に言われることもあります）、環境が変われば意思決定の仕方も変えるのは当然のことです。

むしろ言ったことを表向きだけかたくなに守ろうとしていたら、会社がつぶれてしまうでしょう（もちろん、方向性の変更を早め早めに投資家に告げ、対話することは前提です）。結局は、即効性のある「魔法の手段」などありません。シナリオを複数持ちながら、いかに先んじて資金の手当てをできるか。そのうえで、コスト管理をしながら、事業を力強く成長させ、売上と利益の水準を確保し続けられるか。それをやり切るしかないのです。

給料日とは、社長が最も「感謝」をする日

こうした話を聞いて、読者の皆さんのなかには、かつて（あるいは今）似た経験をしてきたなと思う社長の方もいれば、想像するだけでも胃が痛いと思う会社員の方もいるでしょう。実際のところ、どれだけ会社が大きくなっても、資金の手当ては常に会社の重要テーマであり、会社が成長し、「入りと出の差」が広がるほど経営に与えるインパクトも大きくなります。

私自身も、長らく経営をしているなかで、苦しいときは、朝から晩までお金回りのことが頭から離れず、資金繰りに行き詰まる夢を見て、夜中にハッと目覚めたことも数えきれ

ないほどありました（夢ならいいのですが、起きても何ら解決はしていないのが悲しいところです）。

それでも、社長にとって資金が集まるというのは、エクイティであれば自分ないし自社の未来を信じて投資してくれる投資家の方々の存在、デットであれば自社の与信を認めて貸してくださる金融機関さんの存在あってこそです。いずれにしても本当にありがたいことです。

売上が立つのもお客様がいてくれるからであり、本来はコストであっても、給与や外注費もかかわってくれる他者や会社がいるからこそ生じるわけです。

給料日や支払い日とは本来、社長にとって最も感謝すべき瞬間なのだと私は思います。

どの社長も同じ思いでしょうが、最初にお金を拠出いただく連絡をもらったときのこと、売上の入金があった瞬間のこと、そして会社設立後最初に給与を振り込んだときのこと、いずれも鮮明に覚えています。*

＊入金額を記帳しに行くと「本当に入っていた！」と喜んだり、人件費の振り込みボタンを押して「ああ、今月も支払いができたな」と胸をなでおろしたりした日々を今でも思い出します。

「カネ」という言葉だけ切り取ると、いろんな意味を想像するかもしれません。しかし、カネがあるからこそ、経営が成り立ち、会社が持続的に存続するのです。

キレイ事では経営はできませんが、こうしたお金回りの問題に対して、当事者として逃げも隠れもしない責任を持つこと。それが社長になるための第一歩なのかもしれません。

第1章 社長の心得

- 創業初期は、「カネのマネジメント」が計画通りにいかず「残念な現実」に直面するケースが多い。
- 会社の舵取りをすべき社長が「資金繰り」に奔走してしまうと、事業が推進できず、成長は必ず止まる。
- 「会社のカネ」を正確に把握するには、P/L、B/S、C/Fすべてをチェックすること。「全部を見ないといけない」ということの意味に、経営して初めて気づく。
- 経営においては、未来を見据えた「資金計画と調達のサイクル」を、前倒しかつ高速で回すことが不可欠。
- 株式（エクイティ）の調達は不可逆。投資家選びは非常に重要であることを肝に銘じる。

●投資家や銀行が判断する企業の価値は、必ずしも数値的な指標だけでは決まらない。経営チームの実績や事業の将来性なども大きく関係する。なにより「社長本人」の資質を見られている。

●カネがあってこそ、会社が成り立つ。人を雇えて、給料を払える。自分や自社の未来を信じて応援してくれる投資家や金融機関の存在、支払いができることへの感謝を常に忘れないこと。

Column
session 1

「企業支援のプロ」を自負して起業したが……

不器用な私のコンサル駆け出し時代

エッグフォワードを創業するまで私は、大学卒業後に入社した大手戦略コンサルティング会社で経営支援をしていました。

コンサルティングを通じ、影響力のある会社が変われば、組織・人が変わり、社会が変わる、と本気で信じていました。

コンサルティング会社というと、MBAの知識をふりかざし、ビジネスモデルやフレームワークを駆使してスマートな戦略を提言する……そんなイメージがあるかもしれません。

ところが、**私は、最初はまったくの落ちこぼれでした。**要領よく仕事をこなすことができず、「明日からもう来なくてもいいよ」と言われたことも一度や二度ではありません。

そんな私はどんどん昇格する優秀なメンバーのなかにいて、人より愚直に粘り強くやり続けるだけが強みでした。スマートな分析を駆使する周囲とは違い、泥臭く「ベタッとした」仕事をするのが好きだったのです。

「今週中に再建計画を立て直さないと銀行が融資を引き上げて資金繰りができなくなって、会社がつぶれる!」そんな修羅場に直面している会社の社長さんに寄り添い、「私もクライアントの経営陣の一人だ」という視点で事業を立て直す仕事にやりがいを感じていました。

不器用な私が、ようやく生きる道を見いだせたとも言えました。

その後、海外支援に携わり、アジア法人を立ち上げて代表も務めました。ところが、そこからはまた、挫折の連続でした。

採用した現地社員は、働くことに対する向き合い方も違えば、仕事への価値基準も違う。いつのまにか、日本のやり方を押し付けてしまい、スタッフ全員から「ここではやれない」と厳しい言葉を突き付けられたこともありました。

知らないうちに、私は小さなプライドの鎧に身を包んでいたのです。部下も顧客も失って反省した私は、そこからまた、奢っていた自分を見つめ直し、なんとか海外法人を軌道に乗せることができました。

こうした貴重な経験を積ませていただきましたが、軌道に乗るにつれて、コンサルティング会社の立場に徐々に慣れていく自分がいました。

「人や社会が本来持つ可能性を最大化したくてコンサルティング会社に入ったはずなのに……」。

海外代表の立場に甘んじて、自分の生き方を先送りしているなかで、改めて自覚しました。

〝人の可能性を最大化できるような世界をつくっていきたい〟

エッグフォワードが産声を上げた瞬間です。

「会社の看板」が通用しない

コンサルタントの現場でさまざまな修羅場に挑み、解決してきましたから、自分で起業した会社を通じて、より良い組織を創り社会を前向きに変えていく自信はありました。

ところが、いざ起業をしてみると、自分の甘さをいやというほど思い知らされました。

第一の誤算は、事業が立ち上がらず、1年目はほとんど売上が立たなかったことです。

エッグフォワードでは、創業当時から「いまだない価値を創り出し、人が本来持つ可能性を実現し合う世界を創る」というミッションを掲げ、事業を展開しました。でもうまくいきませんでした。まったく受注ができないのです。

理由はシンプルでした。気づいたのが、**それまでの自分が「会社の看板」で仕事をしていたことです。**

大手のコンサルティング会社では数多くの顧客から受注をいただきましたが、それは会社の看板や環境があったから。それがなくなった途端、お客様の反応がまるで違うものになりました。

特に会社の看板が物を言うのは、企業向けのビジネスです。昨今は、以前よりはスタートアップに優しい社会になりましたが、今でも日本企業が新たな会社と取引するときに看板を重視するのは変わりありません。

さらに困惑したのは「これまでの取引実績」を見る目でした。

たとえば某大手商社さんとの打ち合わせを何度も何度も重ねた後、ご担当の方は当社のビジョンと事業内容に賛同してくれ、稟議を通そうとしてくれたのですが、最終的には「エッグフォワードさんは、これまでうちの会社と取引実績がないので、残念ですがお取引できない」と言われました。

「そうですよね」と言いつつ、「ん？」と違和感を覚えました。創業間もない会社は、どうやって取引実績を築けば良いのだろう、と。これでは、論理的には永遠にお取引が開始できません。

もちろん、大手企業ほど稟議などを通すのが難しくなるのはわかるのですが、取引実績だけで判断されると、非常に苦しいものがありました。

事業不振、資金の枯渇、人の離脱……。誤算に次ぐ誤算

第二の誤算は、創業資金がわずか数カ月で底をついたことです。

私は、前職でキャッシュフローのシミュレーションや事業計画をさんざん策定してきて、起業時にもつくったのですが、見通しが甘かったことに尽きます。売上は立たず、想

定外の出費が続出し、計画よりはるかに早いスピードで資金が減っていきました。

銀行に融資をお願いしようにも、創業した当時は現在ほどには調達環境も良くなかったので、どこからもなかなか貸してもらえず、まさに八方ふさがりでした。

金の切れ目は縁の切れ目。**資金がなくなると人が離れていったのが、第三の誤算です。**会社を立ち上げたときはいろいろな仲間が副業も含めて手伝ってくれていて、創業当初は10人弱のスタッフがいたのですが、1年後には、一人を除く全員がいなくなりました。

ビジョンを実現するための新たな事業を引っ提げ、事業の立ち上げフェーズに必要な資金と優秀なスタッフを確保し、前途洋々だったはずの会社が、創業から1年前後で崩壊する危機に直面したのです。

なんとか会社を存続させるためには、自分の生活を切り詰めるしかありません。給料をもらうのを止め、およそ2年間にわたって「報酬0」が続きました（皆さんにもそうしろという意味ではまったくありません）。

また都心のマンションを一人暮らしの住居兼事務所にしていたのですが、家賃がしんどくなり、遥か遠い場所にある築40年超のアパートに引っ越しました。すきま風がスースーと吹き込み、近所の子どもたちがサッカーボールを蹴ると家が揺れる始末……。

資金繰りが回らない時期は、月末に、Suica《スイカ》にチャージしようと思っても、手持ちがなく、預金口座から引き出しもできない。やむなく、傘もないまま雨の中歩いていたときに、「私は何のために会社をやっているんだろう」とみじめに思ったこともありました。

結局私は、大きい組織の看板やリソースがある環境の中で経営をわかっている「つもり」でしかなかったことに本当の意味で気付けたのです。

以上の話はまったく自慢にならず、お恥ずかしい限りです。

華々しく立ち上がる会社もありますが、どんな会社でも、創業時には大変な苦労をしているものです。

では、そんなエッグフォワードや、他のこれまで私が支援・出資してきたさまざまな会社がどのようにして苦難を乗り越え、現在に至ったのか。次章以降をお読みいただければ、想像できると思います。

第2章

会社は99.9％、「人の問題」で崩壊する

――会社の未来を左右する「ヒトのマネジメント」

1 ともに働くメンバーは「仲間」でもあり、他人でもある

スタートアップの多くは、創業から1年前後で人が辞めていく

これまで私はさまざまなスタートアップが崩壊する現場を見てきました。その経験から言うと、スタートアップは99・9％、同じ問題で崩壊しています。

それは、**「人」の問題**です。

創業初期こそ自分一人で始める人も多いのですが、事業を大きくしていこうとすると、社長一人の個人プレイではすぐに限界が訪れます。

フェーズに応じて、事業に必要な人を増やしていかないと、次のステージには移れませ

ん。すると仲間（あえて仲間という言葉を使います）を増やしていくという結論に至るでしょう。

ただ、自分一人であれば自分のやりたいようにできるし、責任も自分の取れる範囲で取ればいいのですが、仲間が増えてくると、自分だけが責任を取ろうとしてもなかなかコントロールできません。他人は当然、自分の考えている通り動いてくれないからです。

さまざまな思惑を持った人が絡むと、必ず何らかの問題が発生します。「うちの会社は人の問題で悩んだことが1回もない」という社長は、おそらく一人もいないでしょう。*

人の問題はどのフェーズになっても常に起こることで、上場して時価総額が数千億円になったとしても起こりますが、やはり最も多いのは創業初期です。

私が見てきた限り、多くのスタートアップは、創業から1年前後の時期に、しんどい局面がやってきます。

最もつらいのは人が辞めていくことです。社員だけでなく、経営メンバーが抜けるケー

＊逆に言えば、人の問題が解決できる社長は経営の課題の多くをクリアできたようなものです（とはいえ、そんなに甘くもないのですが）。

スも少なくありません。

なぜ経営メンバーとのケンカが発生するのか

なぜ、創業から1年前後の時期に、人が辞めていくのでしょうか？

創業社長は、一緒に創業した経営メンバーに対して同じ志を持っている「仲間」という感覚を持つものです。しかし、いくら仲が良かったとしても、他人は他人です。

価値観を同じくして結婚したパートナーでも、結婚後には大なり小なり揉めるものです。経営メンバーは結婚よりも関係性が薄いうえ、お互いプライベートも抱えています。しかも毎日のように修羅場が訪れるので、構造的に揉めやすい。どんなに強固な人間関係を築いていた間柄だとしても、それを引き裂くほどの力学が働きます。

では、経営メンバーは何が原因で揉めるのか。**一番の原因は、会社の舵の取り方、つまり意思決定をめぐるケンカです。**

とりわけスタートアップが立ち上げるビジネスは、これまで誰もしたことがない事業がほとんどです。「こっちに行けば正解」という答えが誰にもわかりません。だから、すんなり意思決定できることはほとんどないのです。

「俺はこっちだと思う」「いや、私はこういうふうにすべきだと思う」とさんざん意見を戦わせた末に、「これで行こう」と意思決定をするものです。

もちろん、その意思決定がすべて的中し、順風満帆であればよいのですが、そんなことはまずありえない。いや、どっちに行ってもうまくいかないことのほうが多いですから、「予想よりもユーザーからの反響が少ない」「開発が計画通り進まない」「資金が調達できない」といった事態に直面するのが常です。とはいえ、最初のうちは一緒に乗り越えていこうとするものです。

しかし、想像してみてください。その意思決定によってあまりにもうまくいかないことが日常化し続ける。すると、どこかのタイミングから、「揉め事」に発展します。

合議で決めたのに、「この意思決定が信用ならない」「そもそも、何か根本的に考え方が違う」と責任の押し付け合いが始まるのです。

二人で対等に経営する共同経営の場合、どちらかが意思決定をしてうまくいかないことが続くと、もう片方から不満が出てきます。

本当は自分が決めたほうがうまくいくと思っている人も、もう一人に意思決定を任せたほうがいいと考えている人も、結果が出ないままだと、「ダメじゃないか」と不満を持ちます。

私の体感では、**二人で共同創業すると、十中八九ケンカ別れします。**これは、どちらが悪いというのではありません。スタートアップを起業し、同じ志で続けていくというのはそれだけ難しいことなのです*。

そもそも起業とは、ハズレだらけのくじ引きのようなものです。いきなり当たりくじを引けることはめったになく、ほとんどの人がハズレくじを引き続けます。

くじを引くのにもタダでは引けず、そのつど、資金を失います。

資金が潤沢にあれば良いですが、そんなスタートアップはほとんどありません。そのうち、くじを引くのに500円かかるけど、手元にはもう1000円しかない。「あと2回引いてハズレたらどうしよう……」という状況に陥ります。

そこで、もっとくじを引くために金策に走り、資金を調達するわけですが、引いても引いてもハズレくじ……。こうなると、人間のドロドロしたところが出るのは無理もないことです。「自信の塊《かたまり》」のような不屈の精神を持った社長ですらメンタル不調に陥ることもじつは珍しくありません。

一人、また一人と経営メンバーが辞めていく日々

一方、創業初期には、経営陣だけでなく、創業時からいた幹部以外の社員も辞めていきます。**その理由の多くは第1章で扱った「カネ」です。これは疑いようのない真実です。**

そもそも起業して間もない頃は、たとえ報酬が低くてもメンバー全員が夢と希望を持って取り組みます。資金繰りが厳しくなってくると、給料がまともに支払えないようなことも出てきますが、それでも、最初の3カ月程度はなんだかんだ楽しい。「大変だけど、頑張ろう！」となるものです。

しかし、先行きが不透明な状態が半年から1年ほど続くと、本当の意味で志に共感していなかったメンバーは離れていきます。「ビジョンで飯は食えない」と言いますが、これが徐々に顕在化していきます。

＊志を同じくして集まった仲間ですが、会社が5年、8年、10年続いたとしても、創業メンバーが全員そのまま残る会社はほぼありません。会社が変わっていくにつれて初期のメンバーは入れ替わっていくのが常です。

「この会社はうまくいかないだろうから辞める」とは誰一人表立っては言わないのですが、「やっぱり、他にやりたいことができました」とか、「プライベートとのバランスをもうちょっと考えたいので」などと言って、辞める人が続出し始めるのです。

ビジョンが強くても、お金がなければ人は離れていく

スタートアップの創業者は、ビジョンや戦略がきちんと定まっていれば人はついてくるし、自分の事業がうまくいくと思いこんでいる人が少なくありません。たしかに、それは紛れもない事実でもあります。

しかし、**いくら強いビジョン、確かな戦略があっても、お金がなくなれば人はついてこなくなるのが現実です。**

多くのスタートアップも資金が枯渇するにつれて、人が離れていきます。会社にお金がないのはわかっていても、給料が未払いなら、社員から「自分が働いた分は払ってください」と言われます。生活があるのですから、当然のことです。

社長なら「儲からなければ給料が得られない」という感覚を当たり前のように持ちます

が、社員は必ずしもそうではありません。集まったメンバーは、もちろん会社のビジョンや思想に共感はしてくれているものの、将来的な不安を抱えながら働き続けるほどの覚悟は持っていないのです。

世界一周の旅に向かうチケットは買ってくれていても、本当の意味では、その船に乗ってくれてはいない。そんな感覚に近いのかもしれません。

それにもかかわらず、社長は「創業メンバーなら、自分と同じ感覚を持っているはずだ」と思っている。いや、思いこんでしまうものです。社員が次々と辞めていく事態にまで発展して初めて、自分の甘さを痛感し、そして社長は孤独を味わうのです。

また構造的に考えても、社長と社員の覚悟にズレがあるのは当然のことです。

金融機関がスタートアップに融資する先は、名目上は会社ですが、日本の場合は実質的に社長です。欧米と異なり、日本では借り入れをすると、いまだに社長個人の連帯保証を求められることは少なくありません。

「会社がお金を返せなかったら、あなた個人で払ってください。あなた個人が払えなかったら、連帯保証人であるあなたの親なり親戚なり誰かなりが払ってください」ということになります。

つまり、社長は金融機関から融資を受けると、逃げられなくなります。

株式で調達しているケースでも、自分を信じて貴重なお金を投資してもらっている以上、状況は変わりません。自己破産すれば逃げられなくもありませんが、いずれにしても、気軽に会社を投げ出せるような話ではないのです。

そんな重荷を背負っている社長と、「ちょっとおもしろそうだからかかわってみようかな」というメンバーでは、意識が違うのは構造として当然と言えるでしょう。

「そこまで求めないでほしい」社員の本音

ところが、**社長は自分と同じぐらいコミットすることを社員に求めてしまいがちです。それゆえに、社員がついてこれなくなり離職するケースも、よく見られます。**

社長にとって、創業初期の会社は自身の一部みたいなものです。誰よりも会社のことを考え営業から総務まで何でもこなし、誰よりも一生懸命に仕事をするものです。

すると、それが当たり前の姿だと錯覚してきて、社員にも「みんな、もっと真剣に考えてほしい」「まだまだやれるじゃん」とハードに仕事をすることを求めてしまうのです。

しかし、社長と同じぐらい事業にコミットすることや成果を上げ続けることを求められるのは、社員にとってはキツいことです。**どこまで頑張っても「もっとできる」と言われるうちに、「このワンマンにはついていけない」と離れていってしまうのです。**

社長から見ると、自分に非があるとは思いません。

むしろ「ビジョンに向かって頑張ろうと言ったじゃないか」「ここまでやってほしいのに、どうしてやってくれないの?」「前職がこうだった? そんなの知らないよ」といった思いを抱くようになります。こうして社長と社員の感覚のギャップはどんどん開いていきます。

社員数が多くなってくると、社長がすべての社員に指示することはなくなりますが、創業初期は良くも悪くも社長との距離が近く、社長が現場メンバーに対しても直接指示をします。だから、社員から「社長のプレッシャーが強い」とか「そこまでの要求に応えられない」など反発が生まれ、社長と社員の間で揉め事が起こりやすいのです。*

＊他人同士である以上、すべてを理解することは、構造的にはそもそも不可能に近いという前提に立ったほうがラクな気持ちでいられます。

社長に悪気があるわけではないのです。ビジョンに対してただひたすら真っすぐであり、苦しい創業フェーズを一緒に乗り越えていきたいだけなのです。だからこそ、無意識のうちに「もっと、もっと」と求めてしまう。

しかも、たいがいの場合、社長は何かしらの分野で高い専門性を持つ、スーパープレイヤーだったりします。そうなると、社長とそこまでの成果が出せない社員との感覚のギャップがさらに広がり、社員が離れていきやすくなるのです。

どの組織でもこうした課題はあるものですが、創業期は困難が多い時期であるがゆえに、一気に問題が噴出しやすいということです。

ストックオプションだけで社員は引き留められない

こうした創業初期の「人が辞める」問題を起こさないためには、どう対処すればいいのでしょうか。

代表的な対策が、株式のインセンティブを活用して、社員がコミットする仕組みをつくることです。

たとえば、すべての創業メンバーに株を一定の割合で分配する、あるいはストックオプションの権利を付与するといったことです。

ストックオプションとは、将来価値の上がる見込みの高い自社株を安い価格で買える権利と言えばわかりやすいでしょうか。要するに、成功したらその対価をみんなで分かち合うということです。

たしかに、金銭的なインセンティブがあったほうが、モチベーションが上がりやすくなるのは事実です。**しかし株式を付与したり、ストックオプションを増やしたりする「だけ」では、人に関するあらゆる問題を一挙に解決するのは難しい**と言わざるをえません。

そうやって人が辞めなくなったとしても、今度は株式にまつわる揉め事が増えます。

共同社長に50対50の割合で株を分配するとスムーズな意思決定ができずに揉めますし、51対49にすれば、51のほうが強い権限を持つので49のほうが不満を持ちます。

51のほうが「株式を買い取るから辞めてほしい」と49のほうに要求しても、「もっと高くないと譲らない」などと言い出すこともあります。

また、創業メンバーに数%だけ株を渡したり、ストックオプションの権利を与えたりしたところで、ウェイトが小さければ、必ずしも強くコミットする動機になるとは限りません。

もちろん、一定程度、離職防止に寄与することは事実ですし、最大限活用すべきではありますが、いずれにしても、その株が将来的な価値がないと判断されれば、求心力として機能することはないのです。

ミッションやバリューを腹を割って話す

株でも人をつなぎ止めることができないとなれば、打ち手は他にないのでしょうか？

これをやれば効果てき面という打ち手は残念ながらありませんが、私の経験上、ミッションやバリュー（価値基準）の共有は、長期的に見ても大きな効果を発揮します。

とりわけ創業初期において、**「この会社は何のためにやっているのか」「そのために我々はどういうことを大事にするか」という価値基準をメンバー同士が腹を割って話しておく**

ことは大切です。

私がこれまで1000社以上を支援してきたなかで、大きく成長する企業に共通していたのは、お互いの人生のバックグラウンドを開示したうえで、**会社の背骨やものさしになるものを最初にちゃんと決めておき、それを共有していたことです。**＊

具体的には、ミッションやビジョンという会社の存在意義や目指す姿、それに対する強度、行動の在り方を共有するのです（詳細は第4章のColumn Sessionで述べます）。

メンバー間でミッションやバリューを共有していれば、多少事業がうまくいかないことがあったとしても、会社がゆらぐリスクをだいぶ抑えられます。

もし読者の皆さんが誰かと起業しようとするのであれば、本当にその人と目指す世界観やゴール、ビジョン、「こういうことを大事にしよう」というバリューを共有できるかどうかを考えてみてください。

なんとなく仲が良いから、といって始めると、後から「入り口のところで失敗した……」となりやすいものです。

＊メンバー間で覚悟というか「本気度」を示し合わせることも大事です。事業を進めていくと想定以上にうまくいかないことが連続して起こります。それでも「なぜ、この会社や事業をやりたいのか」。熱意に温度差がないか確認しながら温度感を等しくする努力をし続けるということです。

起業は、何をやるかも大事ですが、それ以上に誰とやるかが大事。さらにそれ以上に、何のためにやるかが大事なのです。その目線合わせは徹底しすぎるくらいでも足りないくらいです。

精神論を振りかざすつもりは毛頭ないのですが、ここで述べたことはいずれも蔑《ないがし》ろにはできません。そうやって苦難を乗り越えてきたたくさんの企業をこの目で見てきたからこそ、しつこいほどに強調しておきたいと思います。

2 「たった一人の採用」で会社は成長する？ それとも傾く？

小さい組織だからこそ生じる社員同士の揉め事

「人」の問題に密接にかかわってくるのが、社員の採用です。

社員を採用し、仲間が増えることは、特に創業初期において「嬉しい出来事」の一つです。

業務委託の人にお願いするのと正社員で採用するのとでは、社長としては思いが大きく異なります。

業務委託の人が悪いということではまったくありませんが、業務委託だと、一定の対価を支払ってこの仕事をやっていただくという、タスクと報酬の関係性になりやすいのです。

それに対し、日本企業で働く正社員の場合は、「このタスクしかしません」「タスクに対して報酬をもらいます」というのではなく、「この会社を一緒に良くしていく仲間」というイメージが欧米よりも強く持たれます。

社長を始めた初期は、自分の志に共感して正社員として入社してもらえるのは、面と向かって口にしなくても、すごく嬉しいことです。それだけに、そんな社員たちが辞めたり揉めたりすると、最初は身を削られるような気持ちになります。

エッグフォワードでも、創業初期のメンバーがほぼいなくなったものの、そこから事業を立て直し、改めて社員1号を採用できたのはとても嬉しい出来事でした。

中途で入られる方は、もともと所属していた会社を退職されて、いろんな保証を捨ててまで、将来どう転ぶかわからない会社に来るわけです。それだけに、当時、お金がないなかでも、ささやかな飲み会を開いてその方を歓迎した記憶があります。*

しかし正社員が増えると、どんな社長、会社でも嬉しい半面、難しいことも出てきます。社長対社員の揉め事については先述しましたが、同時に、「社員同士の揉め事」もよく起こるようになります。仕事の成果のばらつき、人間関係の悪化。**「この人は仕事ができるけど、この人はいまいちできない」という社員同士の働きぶりが如実に比較されるので、不満を持つ社員や、逆に孤立する社員が出てきます。**

大きい組織なら、間に誰かが入ったり、強みを活かした別の仕事に配置したりといったことができますが、小さい組織だとそうもいきません。
その結果、人間関係が悪くなり、矛盾するようですが、社長は良かれと思って採用した社員のことで日々頭を悩ますようになるのです。

スキルにつられて「価値基準が違う人」を採ると、失敗する

創業初期の頃は、良くも悪くも、社員1人の入社が経営に与えるインパクトは計り知れません。社員100人の会社における1人と、社員3人の会社における1人では重みがまったく違うからです。では、創業初期に人を採用するにあたり、具体的にどういったポイントを意識しておくといいでしょうか。

まず気をつけたいのは、スキルや実績があるからといって、「価値基準の違う人」を採用

＊ 社員数は多ければいいとは一概に言えません。少数精鋭で成長を続ける企業も無数にあります。結局のところ、どういう組織形態をその会社が志向するか、会社の考え方次第なのです。

しないことです。**ほとんどのスタートアップ社長は、価値基準の違う人を採って失敗したという経験を持っています。**

価値基準とは、会社として大事にする価値観や行動規範というようなマインドの部分です。たとえば、「常に未知なる分野に挑戦する」「お客様へのお役立ちを実現する」といったこと。こうした会社の価値基準がその人と合っているかどうかを見ることが大切です。

採用面接をすると、誰でも「これくらいのスキルがあります」「前職ではこういう実績をあげました」などとスキルや実績をアピールしてきます。なかでも自社に求められるスキルが高い人がピンポイントで見つかれば、ありがたい存在に見えてくるでしょう。

しかし、前職の環境下で営業ができたとか、前例があるうえで企画・分析ができるといったスキルは、わずかに環境が変わるだけで通用しなくなるものです。すると、スキルが通用しなくなった途端、会社や社長の批判を始めたり、社内外でトラブルを起こしたりする人が実際は多いのです。

価値基準が同じ人なら、最初は能力が求める水準に満たなかったとしても、その会社で働いているうちに、一定水準のスキルは後からついてきます。

スキルだけが高く仕事をこなせる人は、一見ミッションに共感し、価値基準も合っているように見えたとしても、本音では共感していなかったり、会社が大事にしている考え方や仕事に対する姿勢が微妙にずれていたりするケースが少なくありません。

悩ましいのは、価値観が合っているように見えても、価値基準に対する定義やニュアンスが、社長と中途入社の社員で異なっていることでトラブルになるケースです。


ある著名なスタートアップの社長がコア人材を採用した際のことです。

採用面接で社長が「うちは大企業ほど環境が整っていません。いろいろ不安定なこともあります。でも成長の機会が多い環境で、未来を創っていく仕事です」と伝えたところ、お相手が「環境が整っていないのも安定していないのも承知の上です。当事者意識を持って、成長できる環境で働けるのが楽しみです」と前向きな気持ちで入社を決めてくれました。

ところが、いざ入社してしばらくするとその人が「あまりにも整っていない」「リソースがないと自分一人では何もできない」「事業の未来が見えない」と、文句を言い始めます。

逆に社長は「環境は創るものだ、当事者意識が低すぎる」と反論し、両者は次第に揉め始めたのです。


えてしてこうした事態に陥るのは、**同じ言語を使っていても、「安定」「機会」「当事者意識」などの言葉の定義やニュアンスが双方で異なっているからです。**社長と面接者が同じような意味合いで言っているのか、そうではないのか。言語化して食い違いを見極めないと、その溝がだんだんと深まっていきます。

面接では相手の小手先のスキルではなく、これまでの人生や職業経験を通じて語られる言葉の背景から、会社が大事にしていることや仕事のスタンス、マインドの部分が本当にマッチしているかどうかをよく見極めることです。[*1]

「社長は人を見る目がない」は本当か

採用において、スキルだけではなく価値基準のすり合わせも大切だとお伝えしました。にもかかわらず、社長が採用に与える影響力が強い創業初期において、悪い影響を与えるような人を採用してしまいがちです。

よく言われるのは**「社長は見る目がない」**という説です。

ここにも構造的な理由が存在します。

特に陥りがちなのが、「自分の会社のミッションやビジョンに共感した人へのバイアス（偏見）がかかりすぎて、悪影響を及ぼす人を採用する」ケースです。どういうことでしょうか。

ビジョンやミッションを強く持って人を選ぶのは大前提です。しかし、創業者は特に、ビジョンやミッションを大事にしているため、「社長や会社の思想に共感しました！」と言われると、「おお、よくわかっているね！」とその人の実力や人柄を偏って見てしまうのです。[*2]

また、創業初期は求人に対して応募が殺到するようなことはなく、応募があること自体、ありがたいこと。しかも、リソース不足で、仕事が回っていないようなときに、わざわざ自社を受けてくれて、ミッションにも共感してくれていたら、即内定を出したくなる気持ちも理解できます。

採用で失敗しないためにも、社長が「ものさし」としてのミッションやビジョンを強く持っておくことはもちろん大事なのですが、**「複眼で見る」、つまり社長以外の複数の視点を混ぜて人を見ることが理想**です。

社長が客観的な目を持って、相手のバックグラウンドを理解し、共感度合いを確認する。1回の面接ではなく、本音で話せる場で見極めること。不安が残れば妥協せず、すり合わせをする。それくらい入念に臨んでもいいくらいです。

＊1 スキルではなく、仕事に対するスタンスやマインドの部分を見るのは、新卒社員を採用するときも同様です。新卒の場合は中途ほど、現時点でスキルの絶対値に差がないことが多く、将来的なのびしろの部分を見るケースが大半です。

＊2 小さな会社に来てくれた喜びも手伝って、「この人はうちに来るために社会人になったのではないか」ぐらいに思いこむことも。もちろんそんなはずはないのですが(笑)。

社長の悪口を言う幹部を入れると、組織は崩壊する

創業初期の頃は特に、社長に近い経営視点を持つ「社長の右腕」として幹部社員を採用できると理想的です。*

会社が大事にしている価値基準を社長だけが体現していて他の幹部社員の行動に表れていなければ、必ず廃れていきます。そうならないためには、**社長はもちろん、幹部社員もその価値基準に沿った言動を心がけることです。他の社員はその姿を必ず見ています。**

時にはエキセントリックな社長の言葉を会社視点で翻訳し、「なぜそこまでやらなければいけないのかがわからない」という社員の不満を汲み取って、その意味合いをわかりやすく話せる。こういう人が社内にいると、スタートアップでも経営が安定し、目標に向かって突き進むことができます。

実際には、社員から不満が出たときに、率先して社長のやり方を否定する幹部社員は少なくありません。「たしかに、あそこまではできないよね」「無茶振りが多いよね」など、社員の不満に乗っかるわけですね。

しかし、そういうことを幹部社員が言っていると、次第に「社長対その他の社員」の対立構造が出来上がっていきます。

母親が子どもに対して、「うちのお父さんは本当ダメだからね、仕事もできないし、給料も安いし」とか、「なんでこんなお父さんと結婚したのかしら」と毎日吹き込むと、子どもはだんだんとお父さんが嫌いになりますが、これと同じ構造が、幹部社員と一般社員に関してもあるのです。

コアな人材がそれをやりだすと、あっという間に組織は崩れていきます。

人間には所属意識や生存欲求が備わっており、無意識のうちに自分のポジションやシマをつくろうとするものです。このような幹部社員が人としてダメなのかというとそんなことはなく、「会社の業績が思わしくない責任を、幹部である自分が負いたくない」から、その責任の矛先を社長に向けるしかなくなるのです。

そう考えると、**幹部社員を採用するときは、一般社員以上に、会社の存在意義や価値基準に本当に共感してもらえているかをすり合わせることが重要になります。**

＊パナソニックの松下幸之助氏と高橋荒太郎氏、ソニーの井深大氏と盛田昭夫氏、ホンダの本田宗一郎氏と藤沢武夫氏などは、創業者と優秀な「右腕」の関係としてよく知られていますね。

「肩書き」にこだわる人は要注意

創業初期に幹部社員として採用してはいけない人のポイントは他にもあります。

それは、**人数が少ないフェーズで「肩書き」の話ばかりする人です。**これも失敗事例を経験した社長は数限りありません。

前職がキラキラした会社に勤めていた人だと、採用の段階から、「役員にしてほしい、部長にしてほしい」というようなことを言ってくるケースがあります。

もちろん個人のキャリアを考えると、肩書きを身につけたいという気持ちは非常によくわかるので、まったく否定するものではありません。しかし本来であれば、肩書きはそれに見合う価値を出す役割を担えるからこそ与えられるものであるはず。自ら「とにかく肩書きをくれ」と言う人には、違和感を覚えませんか？

実際、**肩書きが欲しい度合いが強すぎる人の多くは、本音では会社のミッションよりも自分のキャリアや肩書きを優先する傾向があります。**こういう人は、もっと良い肩書きをもらえる会社やキャリアを見つけたら、あっさり転職してしまうものです。

それでも、在職中にきちんと仕事をしてくれれば良いですが、現実にはいまいちなケースが多いです。

特に創業初期の頃は人手不足に陥りやすいため、役員もマネジャーも立場を問わず泥臭い仕事をするのが当たり前。お互いにカバーし合わないと仕事は回りません。組織が大きくなれば分業化していきますが、最初は全員が「何でも屋」です。

ところが、肩書きにこだわる人は、そのような段階であっても、「私は役員なのに、なぜこんな仕事を」と不満をこぼしがちです。一人でもこういう人が組織にいると、仕事に支障をきたしますし、チームの士気にも影響してきます。

逆説的ですが、「幹部か幹部ではないか」という区別をつけたがる人は、最も幹部に向いていないとも言えます。

前職のツテを使って〝した感〟を出そうとする人は危険信号

少し脱線すると、幹部社員が今の仕事で価値が出せないときに、前職の仕事のやり方でなんとかしようとする行動を見せたら「危険信号」です。

特にマズいのは、前職で発注していた外部の会社に高いお金を払って仕事をしてもらおうとする人です。

前職でそれなりの地位にあり、外部の会社や委託先に数多く発注していた人にありがちなのですが、自分だけでは価値が出せないなと思ったときに、気心の知れたコンサルタントやアドバイザーを連れてきたり、前職の会社で使っていたシステムを導入しようとしたりするのですね。これは同業他社に転職した人にも当てはまります。

本当に必要があればもちろん望ましいことですが、たいがいの場合、何か自分の手柄を立てたいがために、顔のきく外部の人に発注しているだけです。その結果、必要のない新しいツールを無理やり導入して、貴重な資金をムダに使ってしまいかねません。*

大きい組織だと、そういう政治のうまい〝仕事をした感〟を出そうとする人がいても成り立つのですが、小さな組織で〝仕事をした感〟を出されても、組織に悪影響しかもたらさないでしょう。

幹部社員にも一般社員にも言えるのは、必要なのは〝仕事をした感〟ではなく、仕事を一緒にやれる〝仲間〟であるということ。雇用主と従業員という関係よりも、同じ仲間として一緒に働ける人をどこまで集められるか。誰を同じ船に乗せるか。これが創業初期の社長にとって最も大事な役割と言っても言いすぎではありません。

いきなり初対面の人を面接で見極めるのは簡単ではありませんから、創業初期に入社するコアな社員は、過去の仕事の仕方や人となりをよく知っている人か、信頼できる人からの推薦・紹介で採用するのが手堅い方法です。失敗することもありますが、未知の人を採用するよりは確度が上がります。

もっとも、そんな良い方がたくさんいるはずはなく、自身の目指す想いや実現したい世界、事業を踏まえて、社長自ら口説き続けるしかありません。

実際、先ほど二人で創業すると8〜9割がケンカ別れすると言いましたが、残り1〜2割の成功ケースは、学生時代から友人同士だったり、仕事で長い付き合いがあったり、創業前から人となりや価値観を深く理解し合えていた関係で立ち上げた場合がほとんどです。

＊社員からは「この人、外部の業者さんにお金使っているけど、何の価値を出しているんだろうね」と疑いの目で見られるようになります。そこで心を改めて頑張れる人なら良いのですが、だんだんと組織批判に走ってしまう人もいます……。

メンバー構成に「ダイバーシティ」を取り入れるベストタイミング

会社が成長して社員を増やす段階に入ったら、考慮したほうがいいことがあります。それは、**メンバー構成の「ダイバーシティ（多様性）」**です。

近年は、日本の大手企業でもダイバーシティを意識するようになりました。政府が「2030年までに女性管理職比率30％」という目標を掲げたり、投資家が女性活躍推進に熱心な企業を投資基準にしていたりすることが背景にはあります。

管理職の登用基準を極めて緩くして、なるべく多くの女性を昇格させることで数字を整えている企業もあるようですが、ダイバーシティの本質は体裁を良くすることではありません。性別や年齢、人種、民族、学歴など、多様なメンバーを集めて、価値観や強みの幅を広げることです。ダイバーシティが実現すれば、事業の幅が広がりやすくなりますし、目まぐるしい環境の変化にも対応できるようになります。

そのように考えると、小さな企業でも、ダイバーシティは必要ということがおわかりいただけるでしょう。アメリカでは、スタートアップも「経営陣の多様性」が一つの投資基準になっているくらいです。

ただし、じつは創業初期に限って言えば、ダイバーシティとは真逆の、同質的な人だけでメンバーを構成したほうが、スムーズに事業を進められます。

たとえば、「同じ会社の営業の仲間で始めた」「同じコンサルティング会社で働いていた同僚のコンサルタント同士だけで始めた」といったケースです。

同質的な人たちとは価値観が近いし強みも重なっていますし、同じビジネス言語が通じやすく、阿吽《あうん》の呼吸で仕事ができます。創業時では、コミュニケーションコストはできるだけ小さくしたほうがいいのです。

ところが、**一定以上の成長を遂げると、同質的な人ばかりの企業は、成長が頭打ちになります。**

理由の一つは、先述したように、強みのパターンが少ないので、事業の幅が広がらないことです。

たとえば、ソフトウェアを開発するスタートアップがあったとしましょう。開発に長けたエンジニアばかりがいても、ビジネスがわかっているコンサルタントやマーケターがいないと、ビジネスモデルが構築できなかったり、マーケティングが甘かったりして、どこかでうまくいかなくなります。

反対に、コンサルタントだけいたとしても、エンジニアが社内に一人もいなければ、プロダクトやサービスの開発には長けていないので、思い通りのソフトウェアはつくれないでしょう。

キャラクターに関しても、ノリが良く勢い先行な人ばかりでは、総務や財務といったディフェンスができず、会社としてはやはり崩壊してしまいます。

中長期視点では、採用に多様性を持たせる

同質性の高い組織は、環境変化に弱い。これは断言できます。

実例を挙げれば、特定のテーマに関しては日本一強いコンサルタント集団がいたとしても、そのテーマの需要が激減したら、あっという間に仕事がなくなり路頭に迷うことになります。

それに対して、多様な強みを持った人がいれば、その人たちの力を掛け合わせて、さまざまな事業に取り組むことができます。環境変化によって顧客のニーズが変わったり、技

術が陳腐化したりしても、柔軟に対応できるというわけです。生存戦略的な視点で見ても理にかなっています。

創業初期は、「前職の会社の同じ職種のメンバーだけで始めた」というように同質的な集団になりがちです。採用に関しても、社長は目先の成果に対するプレッシャーがあるので、どうしてもパフォーマンスが見通せる同質的な人ばかりを採用したがる傾向があります。もちろん、人間関係は良いかもしれませんし、同じような人が集まっているからダメというわけではありません。

しかし、中長期的に見ると、チーム構成を多様にしないと、どこかで壁に突き当たってしまうのです。

自分と異なる「勝ちパターン」を持つ人を採用する

会社の規模が大きくなり始めたら、「どのようなスキルセットを持ったメンバーで会社を構成するか」計画を立てることをおすすめします。

その計画に沿って、今いるメンバーとは異なるスキルセットを持った人を意識的に採用していきましょう。**マインドセットは共通、スキルセットは異質**がポイントです。

採用の受け皿を広くして、異なる強みやスキルを活かせる組織に変えていくのです。

働き方についても、フェーズに応じて、フルタイムでコミットできる人だけでなく、小さな子どもを育てていて限られた時間しか働けない女性や、遠方に住んでいて基本的にリモートワークでの対応になる人など、さまざまな人が活躍できる環境にしていくと、多様なタイプの優秀な人を発掘でき、強い組織になります。

また、社長は無意識のうちに自分に似た人や、自分の勝ちパターンに合った人を採用しがちなので、社長とは違った別の「芸風」で戦ってきた人を意識して採用するのもいいでしょう。

さらに言えば、**社長にはない「強み」を持っている人を幹部に選ぶこと。**社長が営業に強いのなら、幹部は財務や開発に秀でた人を据えるといったように、社長と幹部で偏りが生じぬよう、掛け算の強みになるように能力を分散させるのが望ましいです。

会社の価値基準の中に、ダイバーシティを想起させる言葉を入れるのも一つの手です。

エッグフォワードでも、創業後少し経ち、一時期、同質的な人ばかりになって伸び悩んだとき、事業の将来イメージを踏まえて「異質な強みを活かす」という狙いを込めて価値基準に「ケミストリー」という言葉を入れました。

多くの会社が、そうして組織全体に意識付けをすることで、採用する人の幅も広がり、組織が大きく変わったという経験をしています。

エース社員や社長のリソースを、目先の売上のためだけに割いてはいけない

組織において悩ましいのは、**「エース社員をどこに配置するか」**です。

会社を成長させるには、現在、稼ぎ頭となっているプロダクトやサービスに加えて、新たなプロダクトやサービスを育てていく必要があります。

中長期的なことを考えれば、新たなプロダクトやサービスのほうにエースを配置したいところでしょう。

しかし大企業と異なり、人員にも売上にも余裕がないスタートアップの場合だと、現在の稼ぎ頭である社員を新規事業の部署に異動させるのは難しい選択になります。

それでも**長期的な発展を考えたら、短期的には厳しくなることを覚悟のうえで、エースを「次の柱」を創るための部署に配置換えをすることが大切です。**

これは、社長自身にも同じことが言えます。

よくある事例だと、社長自身の営業力が抜群に高いケースです。

このような場合に、社長の時間を目先の売上を得るための営業ばかりに費やしていると、短期的には数字が上がりますが、中長期的な事業や組織の柱を育てられなくなります。

また、コンサルティング、クリエイティブなどのサービスや受託型の事業の場合は、クライアントから社長を指名されることもあるでしょう。

それ自体はありがたいのですが、会社の将来を考えるなら、後ろ髪を引かれつつも、自分の時間を中長期的な分野に充てるように意志を持ってバランスをとるべきでしょう。

目安として少なくとも常に2～3割は、「次の手」に社長のリソースを割き、それでも事業が回る仕組みを確立したいものです。

いかに人・モノ・カネのリソースをうまく配分するか。それを組織はもちろん、自身に対しても考えることは、社長の重要な役割なのです。

「2割の働かないアリ」を戦力にするには

社員が増えると必ず問題となるのが**「働きアリの法則」**です。

働きアリの法則とは、集団において、よく働いてハイパフォーマンスを挙げる上位2割と、そこそこ働いてそこそこのパフォーマンスを挙げる中位6割と、あまり働かずパフォーマンスも低調な下位2割の「2：6：2」に分かれるという法則です。

社長から見ると、業績を高めるためには、パフォーマンスの低い下位2割をなんとかしなければならない、と考えることでしょう。

その場合、下位2割の人をハイパフォーマーに入れ替えて組織の新陳代謝を図るのがいいのか（もちろん無理に解雇することはできませんが）、「どんな組織でも下位2割は働かないものだ」と諦めてそのままにするのが良いのか、対処に悩むかもしれません。

結論から言えば、**下位2割の人に辞めていただくのは得策ではありません。**

なぜなら、辞めていただいたところで、また新たな「2：6：2」が生まれるからです。「2：6：2」というのは相対評価にすぎません。だから、下位2割が辞めて、新しい人が入ってきたとしても、そのなかで上位2割と中位6割と下位2割に分かれます。

それにより下位2割のパフォーマンスが多少なりとも上がったところで、「下位2割に問題がある」という状況には変わりありません。極端な話、ハイパフォーマーばかりを集めたとしても、そのなかで必ずパフォーマンスの低い人が新たに生まれるので、全社員がパーフェクトになるという状況はありえないのです。*

では、そのままにしておくのが正解かというと、そんなことはありません。できることはたくさんあります。

まずは、**なぜ「下位2割」の成果が出ないのか、原因を探る**ことです。

本人に起因するケースもありますが、採用したのは会社側の責任でもあります。採用の仕方に問題があるのか、入社後のトレーニングに問題があるのか、はたまたバリューに対する共感が低いのか……。こうした原因を見つけ、それを改善することで、「下位2割」の人を底上げできる可能性があります。

さらに私が提案したいのは、下位の「2割」ではなく、中位の「6割」に着目することです。

組織改善というと、社長は「どうして成果を上げられないのだ」と下位の「2割」に着目しがちですが、じつは、下位の「2割」を底上げするより、真ん中の「6割」の平均値を上げたほうが、全体のパフォーマンスは上がります。

上位の「2割」のトッププレイヤーが増えればそれに越したことはありません。しかし現実的には中位の「6割」に手を付けたほうが、ボリュームが多いぶん、確実に成果が上がるのです。下位の「2割」ばかり見ている社長は、大きな機会損失を発生させてしまっているのです。

労働時間が減っても、社員の不満はなくならない

これは組織に限った話ではありませんが、マイナスに目を向けるよりプラスに目を向けたほうが良いことは多々あります。

組織論では、仕事に対する意欲に影響を及ぼす要因として、「衛生要因」と「動機づけ要因」の二つがあると言われます。

＊これは人間の特性でもありますが、自他ともに優秀だと認められている人はモチベーションが続きやすい一方で、「仕事ができない」と周囲から評価されてしまった人はなかなかモチベーションが上がりにくいものです。

「衛生要因」は「働く時間が長すぎる」「給料が低いのが不満」というように、これがあると意欲がマイナスになること。

一方、「動機づけ要因」とは、「仕事にやりがいが持てる」「自分の夢とつなげて働ける」というように、意欲がプラスになることです。

注意したいのは、「衛生要因」つまりマイナスを解消したら、社員がやりがいを持って働くようになるかというと、そうではなくて、今度は別の不満が無限に出てきてしまうということです。

たとえば、労働時間が少し減ったとしたら、今度は「給料が低い」「休みがとりにくい」「オフィスが狭くて働きにくい」というように、別の不満が出てくるのですね。そうしたマイナスを1個ずつつぶしたとしても、期待以上の成果は望めません。

それより、「動機づけ要因」を何か一つ増やしたほうが、モチベーションが高まり、やりがいを持って働けるようになります。わかりやすいのは、本人のキャリア志向に合った業務機会の提供、本人の成長志向に沿った人事異動などでしょうか。

インパクトの大きいマイナスを優先してつぶしていくことももちろん大切なことですが、それより先に、プラスの面に目を向けていく。これがうまくいく組織の鉄則です。

3 来る社員を拒まず、去る社員を追わず

外から優秀な選手を入れると、元からいる選手のモチベーションが下がる

ここまで創業初期から黎明《れいめい》期にかけての人の採用のポイントについて話してきましたが、これだけ理解しておけば人の問題は起きない……と安心してしまうと、足元をすくわれることになるので要注意です。

会社が成長するにつれて知名度も上がってきますから、これまで会社を支えていた人よりも、能力が高く、より強いマインドで働ける人を採用できるようにもなるでしょう。

優秀な人材が増えることは会社にとって良いことずくめのようにも見えますが、思わぬ弊害を招くことがあります。

それは、**創業時からの古参社員の「モチベーション減退」**です。

創業時の社員は、右も左もわからないなか、社長と苦労をともにし、会社を支えてくれた功労者です。会社に対しても社長に対しても高いロイヤリティ（信頼）を持っている人も少なくありません。

ところが、**優秀な人たちが入ってくると、昔からいた社員の活躍の場が、相対的に少なくなってきます。**社長も社長で、無意識のうちに新しく入ってきた人たちを頼るようになります。

それを見た創業メンバーが「社長は自分たちとは違う世界に行ってしまった」「自分は一部の仕事を任されるだけになってしまった」とマイナスの感情を抱くこともあるでしょう。「しんどいときに頑張ってきたのに、後から入ってきたあの人がなんで上司なのか」と嫉妬心や不満も出ます。口に出すかどうかはともかく、ネガティブな感情はあるものです。

そうして「私はこの会社でずっとやっていく必要があるのか」と疑問を感じ、モチベーションを下げてしまうのです。

プロ野球にたとえれば、自分と同じポジションを守っている助っ人の外国人選手がチームにやってきたようなものでしょうか。自分より打率も高いし、ホームランも多いし、守備もうまい。そんな選手が来たら、「このチームにとって自分は必要とされていないのではないか？」とモチベーションを下げる人もいるはずです。

そこで、「ポジションを奪い返そう」「他のポジションで試合に出られるように頑張ろう」あるいは「選手ではなく裏方としてこのチームを支えよう」と切り替えられる人もいますが、なかなかそうはならなかったりします。妬《ねた》みそねみも生まれ、いずれ、それで退職していく人もいるわけです。

では、新しい人を入れてはだめなのかというとそんなことはありません。

大事なのは、新参者であっても、創業メンバーや過去からの功労者であっても、それぞれの強みを発揮して仕事をしてもらうだけでなく、ミッションや価値基準に応じた役割や成果を求めることです。

本質的には、就業した期間や年次というのはポジションや役割と関係がないはずです。古参だろうと新参者だろうと、依怙贔屓《えこひいき》したりせず、会社の価値基準に沿った仕事をしているかどうかをフラットに評価することが組織運営の鉄則です。

社員の退職にどう気持ちの折り合いをつけるか？

創業初期の社員の離職については先述した通りですが、会社が順調に成長しても社員の離職はどうしても避けられません。

退職する理由にはいろいろありますが、「辞めます」と言われて、ワーイと喜ぶ社長はあまりいないでしょう。退職して前向きなチャレンジをしようとしている人に対して応援したい気持ちはあるものの、やはり寂しさや残念な気持ちも内心あると思います。現実的には「この人が抜けたら、仕事が回らなくなるよな……」という危機感もあるでしょう。*

私自身、一緒にやっていこうと話した仲間が離れていったシーンを思い出してはセンチメンタルな気分になることがあります。

しかし、そこはしっかりと気持ちに折り合いをつけることが必要です。

そもそも、社長である以上「ずっと自社で働いてもらえるのが当たり前ではない」ということを頭に入れておきたいところです。

今は終身雇用の時代ではまったくありません。一生一つの組織で働く義務もありませんから、個人が働く環境を変えるのは当然の意思決定です。

優秀な人であればいくらでも求人があるので、ミッションへの共感度が低かったり事業がうまくいかなくなったりしたとき、別の会社から声をかけられればそちらになびいてしまうのも無理はありません。

社員の皆さん一人ひとりにそれぞれの人生がありますから、退職の理由は、仕事にまつわるものだけでなく、プライベートとの兼ね合いなどもあるでしょう。

創業初期のスタートアップは、残業が多くて土日も働くようなハードなところがあります。独身ならともかく、結婚してお子さんが生まれたりすればそのような働き方は難しくなります。どれほど本人にやる気があっても、パートナーから「いつまでこの生活続けるの？」と言われてしまうとプライベートとのバランスの取れる職場に転職せざるをえない、なんて判断に至ることも（どちらが良いということではなく）十分ありえます。

今の会社でワークライフバランスが保たれていれば働き続けてくれるでしょうし、そのバランスが取れていないなら「辞める」という選択肢になるのは仕方のないことです。

そう考えると、社長ができることは、社員の皆さんが持続的に生き生きと働けるような

＊キーマンやエースから急に辞めると言われたらどうしますか？　通常は「マジか」と頭を抱えるものですが、どうにかするしかない。良くも悪くもその人に依存していた組織体制を変えていかないといけないし、次に同じことが起きないようにどのような対策を講じるかを検討するチャンスと捉えるしかないと思います。

職場づくりをするしかありません。

成長のフェーズに応じて、働く環境を良くしたり福利厚生を整えたりすることも必要ですが、**なにより大切なのは、「自分たちの会社は何を大事にするのか」とビジョンを決めて、それを信じてひたむきに続けていくことです。**そのビジョンに共感し、そこで働きたいと思うからこそ、社員は長くいてくれるのでしょう。

「活躍できていない、うちでは厳しいかも」という社員にかける言葉

一方で、仕事が合わないのか、どうも活躍できておらず、「うちだとちょっと厳しいかな……」と感じるメンバーが出てくることもあるでしょう。

これは悩ましいところです。「新陳代謝も必要だから仕方ない」と〝見切る〟という人もいれば、「活躍してもらえるような機会と環境をなんとか用意できないか」と模索する人もいるでしょう。私は、基本的には後者の考えですが、どちらが正解とは言えません。

ただ、「2割の働かないアリ」の項でも触れましたが、**どちらにしても必要なのは、「その人がなぜ活躍できないのか」を考えることです。**

活躍できていない原因は、その人のスキルではなく、価値基準やマインドにあるケースもあります。また、それらを見抜けずミスマッチを生み出してしまったという点でいえば、採用に問題があったのかもしれません。仕事のアサインの仕方や、上長との相性もあるでしょう。

現実的に多いのは、活躍するチャンスがあったけれども、ボタンの掛け違いがあって、だんだんとうまくいかなくなっていくケースです。こうした場合は、間に合うなら、新しい機会の提供や、上長の転換を検討したほうがよいでしょう。

また、**新陳代謝は仕方ないというスタンスをとるなら、「何をできる人がこの組織にいてほしいのか」という視点で、「会社のものさし」をつくることも重要です。**

たとえば、短期的な成果を出せる営業パーソンに残ってほしいなら、短期的成果を評価する人事考課制度を設計すれば、そういう人が残るでしょう。

その半面、短期的な成果を追い求める人ばかりが残ると、同様に短期成果を出したらもっと報酬をもらえる会社に転職しやすくなり、組織のロイヤリティは上がりにくくなります。それなら、会社の価値基準を大事にする人に残ってもらったほうがいいかもしれない――。

このように考えれば、「自分たちの組織に必要なメンバーとは、どのような人なのか」を、はっきりさせておくことの大切さをわかっていただけると思います。

退職者がゼロなら良いわけではない
――なぜ功労者が悪影響を及ぼすのか

では、退職者がゼロになれば良いかというと、そうとも言えません。

適度な新陳代謝はやっぱり必要です。少なくとも、私は数多くの会社を見てきてそう思っています。

上の役職・役割が詰まっているような組織は、一般社員からすれば「自分が活躍したり経験を積んだりするチャンスがない」「働く魅力がない」と感じられます。すると、優秀な若手が退職してしまいます。

一定の年次に達した人材には会社を〝卒業〟してもらう会社があります。「人材輩出企業」などと呼ばれているこうした会社の場合、**若手に多くの活躍の機会を提供できるので**

若手の成長が早い。そして退職し、また若手が育つというサイクルが確立されています。

成長から退職まで、どのくらいのサイクルを目指すかは会社の思想やフェーズ、事業特性によっても違いがあり、正解はありません。サイクルを早くするということは、短期成果を出せる人が会社からどんどんいなくなることを意味します。

私は、基本的には、会社側から社員に辞めてもらうことは良しとしていないのですが（そもそも日本では労働契約法があるのでできませんが）、多くの組織に共通するパターンとして、**このタイプの人が出てきたら、会社を出ていただいたほうがいいな、という人はいます。**

それは、「お山の大将になって、組織に悪影響を及ぼしている」タイプです。*

創業初期から頑張ってくれている経営メンバーやマネジャー職の人は、よちよち歩きの頃から会社を支えてくれた功労者と言えるでしょう。

そのような人が不幸にも組織を崩壊させてしまった例をお話しします。

＊若手に活躍の機会を提供するといっても、事業が成長していなければ、機会をつくれませんから、持続的に伸びる事業構造をつくることも必要です。社長としては悩ましいところですが、そのつど、今の会社のフェーズに合った成長↓退職のサイクルは考えておいたほうが良いでしょう。

その会社では、営業の責任者を務めていたAさんが「エースプレイヤー」として売上を支えていました。

会社の雰囲気はというと、直属の部下はもちろん、そうでない人も無意識にAさんの顔色を見て動くような状態。社長ですらも、数字をつくってくれるAさんに対して強く求めることができません。まさに「お山の大将」です。次第に、そんなAさんのやり方こそすべて正しいかのような空気が社内に漂うようになりました。

転機が訪れたのは、会社のフェーズが変わったタイミングでした。この組織は、個人に依存した営業スタイルからチームで成果を出すスタイルへとシフトチェンジしたのです。これは、個人依存の限界を超え持続的に成果を創出するには合理的とも言える判断でした。

面白くないのはAさんです。「自分の手によって数字をつくってきたのに、功労者だった自分がいなくても回るような体制をつくろうとしているのは許せない！」と会社に対して反旗を翻し、次第にミッションやバリューに反した言動が目立つようになりました。

さらには、自分が影響力を及ぼしやすいメンバーを囲い込んでは派閥を形成するようになったのです。そうして、Aさんの個別最適の考えや基準が原因となり、組織が完全に分裂してしまったのです。*

この状態を放っておくと、組織の風通しはどんどん悪くなり、会社の成長は間違いなく止まってしまいます。

そうならないためには、Aさんのような経営メンバーやマネジャーがいる場合には、まずは本人としっかり向き合うことです。

「ここまで会社が成長してきたのはAさんのおかげだ。しかし、会社のフェーズが変わってきた。さらに成長してミッションを達成するためには、会社の仕事の進め方自体をアップデートしていかなければいけない。そのためには、Aさん、あなたも変わるべきだ――」

会社が変わろうとしている状況を説明したうえで現状を踏まえて、仕事のスタイルを変えてもらえるよう説得を試みる。それでも変化が見られないようなら、何らかの形で退場してもらうことも検討せざるをえないでしょう。

＊私は創業前、よく似た話を、神田昌典さんの『成功者の告白』で読んだことがありました。そんなことが本当にあるのかなと半信半疑でしたが、さまざまな会社の支援をするなかで、「本当に、よくあるな」と実感しました。

社長自身の甘えにも原因がある

このような状況では社長の胆力がかなり問われます。なぜなら、功労者が不満を抱いて会社を去れば、仕事が回らなくなり、一時的に業績が落ちる可能性が高いからです。大企業ならともかく、資金のないスタートアップにとっては、非常に怖いことでしょう。気持ちはよくわかります。

しかし、そこを乗り越えたら、新しい光が見えてきます。**個人の属性に依存しないかたちに組織が変化することで、メンバーは自ら考え自律的に動くようになります。**

今まで功労者の下でくすぶっていた社員がみるみる結果を出すようになるケースもよく見られます。

実際のところ、悪影響を及ぼしている功労者に最も依存していたのは社長なのかもしれません。ですが、社長自身がキーマンに依存し続けていたら、会社の成長は止まってしまいます。

「社長は変わった」などと言われても、会社の成長のために、功労者に対峙しなければならない。それも社長の孤独と悩ましさなのかなと思います。

4 「人が辞める原因は社長にある」という自覚を持て

株主から「経営陣のレベルが低い」と言われ、役職変更を余儀なくされる

本章の最後に、会社が大きく成長し、上場が見えてくるフェーズになって生じる「人の問題」についてお話ししましょう。

それは、**「経営陣のレベルが低い」「この社長は代えるべきだ」と株主やベンチャーキャピタルからはっきり言われるケースです。**

たとえば創業初期から管理会計を担ってくれたＣＦＯがいたとします。上場前後までは、

彼の力でなんとかなっていても、上場するとCFOの役割が変わることがあるのです。

具体的に言えば、将来の成長の絵を描きそれを株式市場に説明することや、資金調達のスキームを考えること、事業を踏まえた財務戦略を考えること、といった役割です。そうなると、求められる水準がグンと高くなり、キャパシティを超えてくるのです。

社長としては判断に悩まされます。創業初期から支えてくれた功労者だから会社に残したいけれども、株主からすると「CFOというよりは管理部長の延長でしかないから代えるべきだ」といった話になるからです。

同様に社長自身も、株主やベンチャーキャピタルから「トップを代えるべきだ」と言われることもあります。

創業初期から社長がトップ営業を担ってきたものの、株主から見たら、「トップが営業ばかりしているから、次の事業を考えられる人が誰もいないのではないか」「社長が営業部長の域を脱していない」と言われ、交代を突き付けられるのです。

立場上、つらい気持ちはわかります。しかし、会社の成長とともに自分をアップデートし続けることが、社長や経営陣には求められるものなのです。

私も、成長フェーズの会社の社長から「創業初期から支えてきた経営陣を代えるべきか？」という相談を受けることがしばしばあります。

そう問いながらも社長の答えは決まっていて、本音では「代えるべきだ」と考えているのです。そのまま残し続けることが、将来の成長を阻害することは重々承知しています。一方で、頑張ってきた本人に期待したい側面もあり、感情面に引っ張られてしまうのです。

そんなとき、私は、**「元からいた功労者を排斥する必要はないが、トップとしての基準をもって判断すべき」**と社長に伝えています。

ＣＦＯなら、これからの組織に即したＣＦＯの役割を担えるように努力してもらえるなら留任でいいし、そうでないなら適任者を探してくる。一方で、元のＣＦＯは既存の強みを活かした別の仕事につけば良いわけです。

きちんと本人に話したうえで納得してもらうことは大前提ですが、必ずしも「現状のまま残すか辞めてもらうか」を選ばなくてもいいでしょう。

ただ、過去の立場や役割ありきではなく、社長も含む経営陣全体が「本当にアップデートする覚悟があるのか」と明確に自問すべきです。それが難しければ、入れ替わりもやむなしだと思います。*

別れは生じるもの。そのなかでどうにかするしかない

ここまで「人」のマネジメントについてお話ししてきました。

スタートアップの人にまつわる問題について、メディアやSNSでは「出会った話」「うまくいった話」のほうが多く見られますが、実際には「別れた話」「うまくいかなかった話」も同じぐらいどころか、それ以上にたくさんあります。

別れは生じるもの。会社組織である以上、どんな会社でもメンバーは変わっていくものです。だから、それを受け入れながら会社をより良くし続けていくしかないのです。

人の問題に関しては、「あっちを立てればこっちが立たない」という場面の連続です。

ただ、もとをたどれば、**社長である自分に責任がある、ということは少なくありません。**

採用した人がカルチャーに合わなければ、その人を探してきたのも自分だし、採用の意思決定をしたのも、どの役割に配置するかを決めたのも自分。誰かが決めたとしてもその人に任せたのも自分です。

その意味では、何か「人」のトラブルが起きたときに不満を言いたくなる気持ちもわか

＊後から入ってきた新CFOがすぐに活躍できるかというと、なんとも言えません。そのCFOが今のフェーズに求められる能力を持っていない、というケースもありえるからです。要は、ちょうど良いスペックの人をタイミング良く採用できるかどうかが、会社の成長の鍵を握るわけです。

りますが、その行為は「天に唾《つば》を吐いているようなもの」と考えてもよいのではないでしょうか。

人の問題と喜びは経営に永遠についてまわる

ここまで論じてきたように、「人の問題」は、経営をしていく以上、会社がどれほど大きくなっても、社長には常について回るものです。

では、自分一人だけで経営をするべきなのでしょうか。もちろん、個人事業主等、一人でやるかどうかは、トップの意志次第なので何ら否定はしません。

〝If you want to go fast, go alone. If you want to go far, go together.〟
(早く行きたいなら一人で行け、遠くまで行きたければ仲間と行け)

という言葉があります。実際、仲間とともに歩むことで、一人ではなしえない大きなゴールに向かうこともできます。違う強みを補完し合い、苦しいときも支え合い、一人で達成するのとは違う達成感を味わうこともできるでしょう。

社長と社員は違います。

社員の皆さんは、貴重な人生を費やして同じ船に乗ってくれる仲間であり、クルーです。かかわってくれている人には家族もいれば周りにも人がいます。その人たちの人生を預けてくれていると考えれば、感謝しかありません。

ただし、それに甘えてばかりでは、経営はできない。いてくれる人だけで満足してはダメで、全体が沈没しては意味がない以上、船全体の最適を考えて、乗組員を変えていくことも求められるのです。

このように、人の問題は、悩みの源泉であり、同時に経営の醍醐味の一つでもあります。思想に共感してくれる仲間が一人でもいるなら、社長としては喜び以外の何物でもない。どこまで行ったら完成というものではなく、より良くし続けるしかないのです。

第2章　社長の心得

- 人の問題は創業1年前後に必ず起こる。創業時のメンバーとは、会社の舵取りにかかわることで「ケンカ別れ」になるケースも。この時期を乗り越えられるかどうかが経営を成功させるためのカギになる。

●ケンカ別れの原因は給料（株の配分）絡みのケースが多いが、それが解消されてもさらなる問題が起きる。

●人を採用する際は、創業メンバーと目線を合わせる。その人自身の価値観と組織の向かう先が一致しているかどうかをしつこいくらい確認する。

●会社のフェーズが進むにつれて、同質性だけでは成長が止まる。経営陣ほど、「マインドは共通、スキルセットは異質」を肝に銘じる。

●パフォーマンスが出ていない下位層だけに目を向けるのではなく成果が出ない原因を探り、同時に中位や上位を伸ばすことにも目を向ける。

●社員の退職は避けられない。功労者だからと情をかけるのではなく、フェーズによって、「会社のものさし」に応じて最適な新陳代謝を模索すること。

Column
session 2

人の問題を引き起こさないための「給料」の支払い方

前職の水準で給料を払うと失敗する

人のマネジメントをするうえで、バランスを取るのが難しいのが、「給料」でしょう。

給料は会社組織を存続させていくうえで大事なドライバーになります。「ロマンとそろばん」と言われるように、いくら崇高なビジョンを持って社会的な意義の大きい事業をしていたとしても、給料が少なければ、社員のモチベーションは上がりません。社員の頑張りにきちんと報いる給料を支払うことが望ましいのは言うまでもないでしょう。

ただ、スタートアップは特に、原資がどうしても限られていますから、十分に給料を払うのが難しい。人件費を払いすぎると、その分だけ成長に向けた投資が少なくなり、成長スピードが減速します。全体の人件費の水準が上がりすぎると、利益を圧迫し会社の運営の難易度も上がります。どうすれば「ロマン」と「そろばん」を両立できる組織になるか、社長の悩みは尽きません。*

ありがちな失敗例は、「前職の水準に合わせて給料を支払い、不公平が生じること」です。

創業初期に社員を採用するときは、新卒ではなく中途がメインになるでしょう。その場合、給料をいくらに設定するかを決める際、前職の給料をベースにすることがよくあるパターンです。

前職ほどは出せないけど、あまりにも前職より低い給料だと来てもらえないので、前職と同じか、せめてちょっと低いぐらいに設定しておこうと考えるのです。

社員の人数が1～2人のうちは、問題は起きないでしょう。しかし、**社員が5人、10人、20人と増えていくと、前職をベースにした場当たり的な給料の決め方では、今の仕事で発揮している価値よりも、給料を多くもらっている人が出てきてしまいます。**

それでも、自分がもらっている給料の金額を誰もしゃべらなければ、いざこざは生じないかもしれません。

しかし、ふとしたときに、月給やボーナスの金額について誰かがポロリと口にすると、「えっ、なんでそんな高いの?」「私のほうが仕事をやっているのに」とめちゃくちゃ揉めることになるのです。

創業初期の給料は低く抑えていい

全社員のモチベーションを下げることなく、公平に給料を支払うには、どうしたら良いのでしょうか。これは会社のフェーズによって、方法が異なります。

まず、創業時に限って言えば、給料の金額は前職を基準に決めるのをやめて、基本給は低めに抑えることです。

採用面接の段階で、「業界平均より高い給料が払えるような会社に一緒にしていこう」「これくらいの水準だけど大きくなってこういうふうにしていこう」と社長が将来像も描きながら説明して、納得してもらいます。

それでは入社してくれなくなるのでは？と心配になるかもしれませんが、基本給の微々たる差をあまりに気にするような人は、少し給料を上げたとしても、結局、別の環境に

＊給料の話は公に話しにくい話題なので、起業家同士の集まりでも話題にのぼることは少ないと思います。「どうやって設定していますか？」とクライアントからよく相談されるテーマです。

移っていくものです。ただし、安い給与でこき使えということではまったくありません。

創業期に会社を大きく成長させてくれるのは、「たとえ給料を一時的に減らしてでもこの会社は自分が成長させる」くらいの固い意志と覚悟を持っている人です（実際に給与が低いかどうかではなく、そうした意志が必要という意味です。

もっとも、前職から給料を下げて、リスクを取って来てくれたメンバーの頑張りに、何らかの形で報いていくことが必要です（というより、リスクを取ってくれた人にリターンを与えられる組織を目指したいものです。もちろん、ない袖は振れないのですが）。

それに関しては、創業期は短期的には基本給を低めに抑える代わりに、会社の業績と個人のパフォーマンスを踏まえて年1、2回の賞与で報いるのが良いでしょう。

さらに、中長期的にリターンの得られる報酬として、**自社株を決められた価格で取得し、上場時に行使できる「ストックオプション」を付与する、あるいは「生株」を渡す（株式を分け与える）という二つが考えられます。**

創業初期は「上場も事業の先行きも何もまだ見えていないうちからそんなことを言われても……」と思われるかもしれません。

とはいえ成長著しいスタートアップの場合、ストックオプションはある程度事業が軌道に乗った段階で、初期メンバーに権利を与えるように設計するのは有効でしょう。

おおよそ発行株式のうちの10～15％程度をストックオプションに割り当てるケースが多いですが、ばらまきすぎるとそれはそれで不公平感を生むことになります。初期メンバーには「採用枠」として確保した後、その後の配布のシミュレーションをしながら、ルールを決めていくことを推奨します。*

生株についてはさらに慎重になるべきで、前述した通り、創業初期にいろいろな人に生株をばらまきすぎると、資金が調達しにくくなったり、創業者の議決権が薄くなったりします。

どちらも、創業初期から行なう際は、詳しい人の知見を踏まえて慎重になったほうが良いでしょう。

＊ストックオプションは設計するのにコストがかかりますし、付与できる枠にも限りがありますから、初期のメンバーに付与しすぎると、会社が成長してきたときに、枠がなくて付与できない、という事態に陥りがちです。

給料が払える会社にしていければよいが……

組織が大きくなるほど、報酬水準は採用力に直結してきます。

組織が一定程度まで大きくなると、「給料は低いまま」というわけにはいきません。そもそも優秀な人を確保することが難しくなりますし、社員のモチベーションを保つうえでも、給与水準も高くするに越したことはないでしょう。

「本当は社員に胸を張れるくらいの給料を払える会社でありたい」と思っている社長も多いと思います。

一方で、人件費は、一度ベースを上げてしまうと下げるのは難しい。給与の水準を上げすぎれば、全社全体の経営や資金繰りとのバランスの難易度が増します。何より、事業や調達が順調で資金があれば払うことはできますが、ない袖は振れませんし、今のお金だけではなく将来を見据えて経営しなければなりません。

それでも頑張ってくれている社員の待遇を少しでも上げたい……そうした葛藤を抱えながら、全体のバランスを取ることが社長には求められるのです。*

＊「結局、給料を上げればいいの？　下げればいいの？」と思われた方は、次の第3章で話す「給料のものさし」の必要性（160ページ）が参考になるかもしれません。

第3章

営業VS.エンジニア、中途VS.古参……組織の崩壊はとつぜん起きる

――文明の衝突を起こさない「組織のマネジメント」

1 「組織のタコツボ化」が招く混乱

スタートアップがぶち当たる「社員100人の壁」

「スタートアップが通る道シリーズ」の定番と言えるのが、組織の崩壊です。

スタートアップは創業から1年前後で組織崩壊のピンチが訪れることは第2章でお話ししましたが、その後成長する過程でも組織の崩壊は起こります。

特に崩壊が始まりやすいのは、**「社員100人」が見えてくるタイミング、いわゆる「100人の壁」です。**

原因の一つは、社員が増えていき、社長自身や経営幹部ではなく「中間管理職」がマネジメントするようになること。

社員が少ない頃は、社長や経営幹部が直接、現場をマネジメントすることができます。

一人ひとりに、社長が「こんなことを目指そう」と対面で語りながら共感を得て、「あなたはこれが得意だからこの仕事をして」と細かく業務指示をし、何か悩みを抱えていないか表情を見つつこまめに声をかける。社員が数十人くらいならそんなふうに力技でマネジメントができます。

しかし、50人を超えて100人に近づいてくると、そうはいきません。**社長や幹部の目が隅々まで届かなくなりますから、徐々に組織化し、中間管理職にマネジメントを任せざるをえなくなります。**

これでうまくいけば良いのですが、ほとんどの場合は、あちこちでトラブルが起こるようになります。

中間管理職が悪いわけではありません。ただ、社長でない人がマネジメントをすることで、ミッションやバリューの理解や浸透に時間がかかります。それぞれの中間管理職によって指示や判断にもブレやバラつきが出てきて、成果を出せる部署と出せない部署が出てくるのです。

すると、どうなるか。バラついているだけならともかく、「あの人は仕事ができない、あの部署が足を引っ張っている」と犯人探しが始まり、職場の雰囲気が険悪になってきます。

当事者の中間管理職はプレイヤー業務とマネジメント業務に挟まれて疲弊し、メンバーは上長への不満を募らせる。

その結果、メンバーのエンゲージメントが下がって退職者が続出し、ますます成果が出しづらくなり、さらにメンバーのエンゲージメントが下がる……という悪いスパイラルに入ってしまい、組織が崩れていくのです。

職場で起こる「文明の衝突」

また、人数が増えるにつれて起こるのが、他の職種同士の「文明の衝突」です。エンジニアと営業、製造と営業、インサイドセールスとフィールドセールスとカスタマーサクセスなど、同じ会社で、同じ顧客に向き合っていても、つくる立場の人、売る立場の人、売った後にかかわっていく立場の人では、価値観や向いているベクトルが異なります。組織を機能別に分業すると、それぞれが部分最適に陥る、いわゆる「タコツボ化」が起こり、互いの考えが食い違ってくるのです。

それゆえに、「営業が売れないのは製品が悪いからだ」「いい製品をつくっているのに営業力がないから売れないんだ」などと衝突が起こります。

ただ、私がコンサルタントやベンチャーキャピタリストとして、多くの組織を見ていてもどかしいのは、**「文明の衝突」を起こしている人たちを一人ひとり見ていくと、ほとんどの場合、悪い人はいないということです。**

営業が「商品力をもっと上げてくれたら売れるのに」、製造が「営業が売ってくれたらより元手が増えるので、もっと良いものをつくれのに」と主張するのは、なにも組織を崩壊させたいからではありません。自分たちの組織を良くしたいと思っての発言であり、「全体のゴールを達成するうえで、自分たちだけでなく、他の業種も頑張ってほしい」と言いただけなのですね。*

「タコツボ化」は組織が大きくなるほど起こるので、大企業でよく見られる現象ですが、スタートアップでも驚くほど多く起こります。

大企業だと衝突しながらも事業が動いていきますが、スタートアップにおける事業間のハレーション（摩擦）は、最悪の場合、船が沈むきっかけになりえますし、そもそも、そ

＊機能を分けると、機能間でのぶつかり合いが起きるのは仕方がないこと。営業は「もっといいプロダクトをつくったら売れるのに」と愚痴をこぼす一方、開発の人は「ムチャを言うな」という構図はどの組織にも見られます。両者の意思疎通ができず、消えていったスタートアップは、成功したスタートアップの何千倍、何万倍とあるでしょう。

んなことに時間とエネルギーを割いている余裕はありません。

他にも、第2章で述べたような「創業時からいるメンバーと、後から入社したメンバーの価値観のギャップがある」「中途採用メンバーの給料が高すぎると、創業時メンバーから不満が出る」といったことが理由で、入社年代による「文明の衝突」もたびたび起こります。よかれと思って組織を拡大してきた社長は、逆に拡大した組織に頭を悩ませることになるのです。

こうした組織の問題をいかに食い止めて、組織をよりよい形で回していくか。ここが、すべての社長が直面する経営の難しさと言えるでしょう。

「人の採用」だけでは解決しない

このような組織の課題は、スタートアップ以外でも、成長フェーズにある企業の大半が経験することになりますが、往々にして社長になり初めて直面するものです。

前職で組織の問題を解決したことがあるとしても、現場の一社員という立場で対処するのと、社長の立場で経験するのでは、まったく違います。

しかも組織は「生もの」なので、成長するにつれて、課題が揺れ動きます。それに応じてやり方を柔軟に変えていかなければなりません。何をすれば正解なのか、戸惑う人がほとんどです。

ではどうすればよいか。こうした組織の問題に、多くの社長が新たな人材の採用を強化することで対処しがちです。**よくある失敗は、リソースが足りないからと採用基準を落として新しい人をどんどん採用してしまうことです。**

その結果、また新たな衝突が起こります。

スキルの足りない人が入社したことで、現場のエンゲージメントが下がって、既存社員に不満が増えます。離職する社員も増えます。また人が足りなくなることで、事業に響いてきて、売上が下がり、余計に空気が悪くなる……。そんなつらいスパイラルに入っていきます。

採用で事態が好転することももちろんありますが、私が知る限りでは採用を強化する「だけ」で組織の問題が解決することはありません。

組織崩壊を防ぐ「二つの対策」

組織の崩壊を防ぐために必要なことは大きく二つあります。

一つ目は、**経営陣の誰かが本気になって、組織運営にリソースを割く**こと。先述したように数十人規模であれば、社長も社員一人ひとりの顔が見えるし直接指示もできるので、組織運営は何とかなります。

しかし、一定規模を超えると、社長一人だけで組織運営にコミットすることは不可能です。そこで、社長がすべてを見ることを諦め、「誰か」が組織化を図るのです。

創業者は何らかの想いを持って起業していますが、必ずしも組織のマネジメントが上手だから社長をやっているわけではありません。私の印象では、むしろ組織運営が下手くそな人が多い。創業者は自身の想いが強く、スープレイヤーであることが多いため、どうしても「俺がこう思うから、とにかくこうやって」とゴリ押しするマネジメントになりがちです。

伸びていく企業には、経営陣に組織や人のマネジメントに長けているキーマンがいるものです。そういう人に組織運営を思い切って任せればいいのです。

ＣＨＲＯ（最高人事責任者）などと言われますが、肩書きにこだわる必要はありません。

求心力があり、組織運営の知見がある人が経営陣にいれば、その人にＣＨＲＯ的な役割を兼務してもらうと良いでしょう。プロフェッショナルを社外で見つけ出して招聘《しょうへい》する手もありますが、どちらにせよ注意したいのは、**本来であれば経営レベルでのコミットが必要な役割を人事担当者に任せっぱなしにしない**ことです。

あえて明言しますが、フェーズが変わる過渡期における組織設計は極めて重要な経営テーマであり、人事担当者任せにすると彼らが孤立するだけで状況は何も変わりません。

特にスタートアップは一にも二にも事業を伸ばさなければならないので、事業側の権限が強く、組織運営側やＨＲはほとんど権限を持っていない状況になりがちです。すると、「目標管理やミッションやカルチャーはどうでもいいから、営業活動させてくれ」と考課が蔑《ないがし》ろにされるといった類のことが起きます。[*]

＊ちなみにアメリカなどに比べて、日本企業の場合、ＨＲがあまり重視されていないように思えます。ただ、当然ながら、経営側が誰もコミットしない組織運営はほぼ間違いなく形骸化します。

だから経営側が事業だけでなく、HRにもしっかりリソースを割いてバランスを取っていくことが、特に創業初期においては重要になるのです。

会社が一定規模になったら、「給料のものさし」をつくる

組織の崩壊を防ぐためにもう一つ重要なのは、組織運営の構造を整えることです。
具体的に言えば、「会社のミッションやビジョンを言語化する」「それらを価値基準やバリューに落とし込んで浸透させる」「感覚的なマネジメントではなく最低限の仕組みと制度を入れる」「組織として良い状態にすることを、ちゃんと目標の指標に置く」といったことです。

その一例として、**会社が一定の規模になってきたら、「給料のものさし」をつくることが大切です。**

第2章のColumn sessionでも触れましたが、実際はそんなことはないのに、「Aさんは役割以上に給料をもらっている」「社長が好き嫌いで給料を決めている」といった不平や批

判が出るものです。人間ですから妬みはどうしても生じます。

だからといって、給料を上げるか下げるかの判断は拙速に行なうべきではありません。そこで、人事考課やポジションと連動して、給料の額を客観的に決められる人事考課制度を整備する、ということです。*

人事考課制度で外してはいけないポイントは、会社のポリシーを反映させることです。

たとえば、短期的な成果は出しているけど中長期的な会社の価値基準に合っていない人をどう評価するか。

営業成績は抜群でも、会社が大事にしている価値基準や行動規範を全然守らないタイプの人をどんどん出世させてしまったために、組織崩壊を招いたケースを私は多く見てきました。

要は「成果さえ出していりゃいいんだろう」という雰囲気が社内に漂い出し、ミッションの実現よりも短期成果を追う人が増えてしまうのです。第2章で挙げた「お山の大将」の例ですね。

＊社員数が数名のときから人事考課制度を整備する余裕はないかもしれませんが、社員数が数十人になったら、「業界平均より低い給料でも来る人しか要らない」といった強気の採用をしていては組織が成り立ちません。したがって、他の会社に引けをとらないような給料を払える仕組みを整えることが大切です。

中長期的に組織を強くしたいなら、短期的な成果を出している人よりも、価値基準や行動規範をちゃんと体現している人を昇格させる仕組みにしたほうが良いでしょう。

一方、短期的な成果を出している人に対しては、まったく評価しないのではなく、一時的な賞与で報いるようにすれば、組織のバランスが取れていきます。

少し専門的になりますが、**「役職（等級）―評価―報酬」をセットで考える**ことが大切です。

まず、役職や等級に応じたある程度の給与レンジを明確にします。

評価（目標や査定）のやり方を定め、そのうえで報酬を基本給か賞与どちらで払うのかなどを設計していくのです。小さい組織の場合は、業務内容も変わっていくため、多少は柔軟性を持たせてもいいでしょう。

制度だけ変えてもうまくいかない

もちろん、制度は形式だけ整えればうまくいくわけではありません。

今では誰もが知る、ある優良スタートアップの例を挙げて、その理由を説明しましょう（読者の皆さんにはできる限りリアリティのある情報をお伝えしたいので、社名はあえて伏せさせていただきます）。

この会社は「正攻法」に従い、組織成長のフェーズに合わせて、ミッションやバリューを改めて策定し、人事制度を制定、施策の強化に乗り出しました。

それにもかかわらず、あるとき急に組織崩壊が起こったのです。**その原因は、社長を含めた経営陣のコミットが薄いという、言うなれば「お飾りの制度」にありました。**

組織規模が大きくなり、マネジメントが回らないので、外部に制度策定を委託（実態は丸投げ）。そうして策定されたミッションを、経営陣は追認した程度。バリューと人事評価を連動させる仕組みも導入したのですが、経営陣が深く理解していなかったのです。

そうなると、何が起こるかは容易に想像できるでしょう。

バリューはほぼ無視で、スキルを重視して人を採用するなど、新しい制度にのっとった行動を評価と連動させたにもかかわらず、何より経営陣自身がバリューを体現しているとは言い難い状況でした。

実態が伴わないバリューの施策と運用に、現場からは不満が噴出。創業初期から会社の思想を体現していた中間層はほとんど辞めてしまいました。

どうにか短期成果を出そうにも、離職が増えてそれすらも難しくなりました。新しく入った中途社員も一向に定着せず、形式だけ制度を整えたこの会社は急激に崩壊が進んでいったのです。

「売上はすべてを癒す」という言葉があるように、たしかに売上は不可欠です。ですが、事業成長が踊り場に差し掛かると、急激に組織の課題が顕在化します。

そうならないように、**組織の思想をきちんと会社の仕組みに反映させ、経営陣こそ先頭を切ってそれを実践する必要がある**のです。

ツールや調査を入れたがるHR責任者に注意！

組織を変えようとHR責任者を雇おうとしている社長のために、参考までに、優秀なHR責任者とそうでない人の違いについて触れておきましょう。[*]

成果の出ないHR責任者に見られがちな行動が、「仕事している感」を出そうとすることです。「HRに関するツールや調査を入れたがる」のは、まさにその典型です。

ツールの導入を否定しているわけではなく、ツールを導入して終わってしまうことが問題なのです。

たとえば「組織の状態を可視化しよう」と言って、ヒアリングやサーベイを入れても、可視化だけに終わってしまう。

本来なら、明らかになった事象がどういう構造で起こっているかを見極め、何からどう手を打つかという具体的な対策まで講じる必要がありますが、そこまではしない。

ツールや調査を入れることが目的化してしまい、「そこから先は、現場が頑張ってください」と言って、本質的な課題に向き合わないのでは、問題は一向に解決しないのです。

一方、**優秀なHR責任者は、まずは社長を含む経営陣の間でどんな組織が理想なのかを合意形成することから始めます。そのうえで「なぜ組織がこのような状態になっているのか」、現状の把握と原因の究明に努めます。**

どのチームがどんな目標に向かって動いていて、うまくいっているのかいないのか。うまくいっていないなら原因はどこにあるのか。どんなメンバーがいて、どんな特徴があり、

＊プロフェッショナルなＣＨＲＯや人事マネジャーを外から招聘するという話をしましたが、なかには「なんちゃってプロ」もいます。過去の実績や肩書きだけでは判断しにくいので、実態としてどんな役割を果たしてきたかをきちんと確認する必要があります。

どのくらい成果を上げているのか。こうしたことについて、顔を突き合わせて細かく検証するのです。

組織に関しては、課題ばかりに目がいきがちですが、「では、どうあるべきか」というイメージが共有できていないケースがじつに多いです。事業戦略上どんな組織だと成長が加速するのか、事業目線と組織目線からあるべき姿をすり合わせることが大事です。そうした経営視点と現場視点の結節点になれる。それが優秀なＨＲ責任者の条件です。

もし、今組織が問題を抱えているとしたらそこには必ず何かしらの原因や構造が存在します。

私は「組織の慣性」と言っているのですが、電車が急に止まれないように、組織もまた何らかの理由で生まれた行動や習慣を簡単に止めることができないものです。

いずれにしても根本的な部分にメスを入れないと組織は変わりません。優秀なＨＲ責任者はそこにきちんと向き合おうとするわけです。

優秀なHR責任者は社長と「戦う」

組織を変革しようとするときには必ず摩擦が起こります。

うまくいっていないチームがあれば、そのチームのキーマンと話すことが必要ですが、当然、その場で反発されることはあるでしょう。でも、それが改革に向けた第一歩なのです。**場合によっては、HR責任者が、社長と対峙しなくてはなりません。**

あるスタートアップでは、新たに策定したミッションやバリューに、社長自身が本気で腹落ちしているとは言えませんでした。かといって、人事担当者が頼んだ外部の理念策定コンサルの言うことを否定するわけでもなく、気づいたら、よその会社で見たような平凡なミッションと会社制度が出来上がっていました。

こうなると悲惨です。行動規範（バリュー）の一つに「相互信頼」を意味する言葉を掲げたのに、社長自身は誰も信用していないから、経営陣を次々とクビにしていく始末。ギスギスした雰囲気が組織に充満し、社員は上を見て仕事をするようになります。それでも事業が回っているうちは良かったのですが、社長がバリューと矛盾したスタイルを貫くので会社のコアメンバーはどんどん離反してしまいました。

こうした状況に危機感を覚えたＨＲ責任者は、社長と斬り合う覚悟で、改めてどういう思想で経営をするのかを何カ月にもわたり話し合い続けました。そうやって初めて、その組織は改革に舵を切ることができたのです。*

このように経営視点を持って、組織の課題に向き合おうと思えば、時には社長と戦う覚悟も必要です。摩擦を恐れていたら、何もできなくなります。

摩擦が起こるのを覚悟のうえで立ち向かい、社員を巻き込んで改革を推進していく。それができる人は、まさにＨＲのプロフェッショナルと言って良いでしょう。

＊私自身も、企業変革の現場に立ち合う際は、クライアントの社長と膝を突き合わせて何十時間も話し合うこともあります。それがその会社のためになると考えているからです。

2 社長はどこまで現場に介入していいのか

人を信用できない社長の本音

組織が崩壊する原因を突き詰めていくと、多くの場合、「ある問題」に行き着きます。それは、**社長自身の潜在的な考え方や価値観に問題があるというケースです。**

前項で周りの人間を信用できない社長の例を紹介しました。

この社長は、これまで育ってきた環境の中で人を信用できず、創業してからも当初から苦労して一緒にやってきた人が、会社が苦しいときに離れていった経験をしていました。

その影響からか、「人を信頼している」と口では言うものの、本音では信頼しきれていませんでした。再び裏切られるのが怖くて、仕事を任せきれていなかったのです。

また、優秀な仲間が増えることは嬉しかったのですが、本音では「社長がいないとダメだよね」「社長のおかげで仕事が回っている」という構造を好んでいました。その背景には、自分が承認されたいという潜在的欲求があり、「社長がいなくても問題ないですね」と言われることが我慢ならなかったのです。

だから、優秀な人材が入って活躍し、「社長がやるより良いですね」という反応が周囲で起こると、社長は「俺のほうができる」という態度を無意識のうちにとっていたのです。

つまり、組織の課題はうすうす感じていながらも、社長自ら人が定着しない構図をつくり出していたわけです。「社長の孤独」が間接的に悪影響を与えてしまった典型例です。

こうした社長の行動は潜在意識から来るものなので、本人に自覚はありません。でも言葉の端々からにじみ出る「自分のほうができる」という本音は、組織に伝わっていくものです。何年も同じような組織の課題を抱えているのに一向に解消しない場合は、たいがい社長に何らかの問題があると考えて良いでしょう。*

社長自ら変わろうとする気持ちがあるか

ただ、このようなケースでも、社長だけが完全に悪いかというと、そうとも言えません。

たとえば役員に一部の業務を任せたけれども成果を出せないことが続くと、本当に仕事を任せていいのか不安になってきます。

任せた人が期待以上の成果を出せないだけでなく、その仕事を投げ出して会社を辞めることがあれば、気落ちもしますし、「リスクをとって任せたけど、うーん、これだったら自分が見たほうがいいかな」という考えが生まれます。

従業員や株主への責任、業績が下振れすることへの潜在的な恐れなどもあることを考えると、そうなるのも致し方ないところです。

しかし、**そうやっていつまでも仕事を任せないでいると、本当の右腕は育ちません。**

任される側のスキルやマインドが障害になっているのであれば、相互理解の場づくりや、お互いの考えの開示が必要です。任せる業務があまりに漠然としているようなら、タスクを細分化してわかりやすくするべきでしょう。

一方で、社長の考え方に問題がある場合は、制度を整えるだけでは改善しません。そのままのワンマンスタイルで続けるか、自分の潜在的な価値観を改めるか、社長自身が本気

＊本人が自覚していない潜在意識からの行動を、氷の大半が水中に沈んでいることにたとえて「氷山モデル」と言ったりします。コンプレックスゆえに自分で気づくのは難しいため、我々が社長と対話をしながら自覚を促していくのです。

で自分の心と向き合うことが必要です。

自分を変えるのが難しいのは誰しも同じです。私自身も実感していますが、組織のフェーズが変わってくると、それでも社長自身が変わらなければなりません。そのことは強く意識したほうが良いでしょう。

現場に口を出しがちな社長に欠けている視点

社長の考え方や価値観が原因で、組織の崩壊に至るケースは他にもあります。

それは、**社長の「感度」が高すぎるために、現場に口を出しすぎてしまうことです。**

本章の冒頭でも述べたように、組織が成長して大きくなってくると、仕事のクオリティにバラつきが生じるようになります。これは社長がいなくても組織や事業が回る構造になりつつある証なので、喜ばしいことでもあるのですが、社長はそれを見過ごせません。

特に創業社長は資金繰りやメンバーとの衝突などで苦しいシーズンを乗り越えながら育

てきた会社・事業への想いが強いので、仕事を雑にすることに対する抵抗感が異常に高かったりします。だからこそ、現場に足を運んでは、細かいところが気になってしまい、アレコレと口を出してしまうのです。

社長から突然マネジャーに電話がかかってきて、「この店舗の洋服の並び、どうなってんだ」と叱られる、なんていう「スカッドミサイル」が飛んでくるという話も聞きます。

そうやって中途半端に現場に介入すると、現場の社員は任されているのか任されていないのかよくわからなくなり、すごくやりづらくなります。[*]

すると、社長の下の役員やマネジャー層が、すべてにおいて社長にお伺いを立てるようになる。役員やマネジャーからすると、自分が意思を持って指示をしても社長が全部ひっくり返すので、「それなら最初から社長にお伺いを立てよう」となり、現場の意思決定が揺らいでしまうのです。

このように、現場に介入したくなる社長はどうすれば良いでしょうか。「とにかく口を出

＊社長がすべてに介入するスタイルで組織がぐちゃぐちゃになる会社もある一方、これがハマって伸びていく会社もあります。それも一つの組織のあり方なのでしょう。しかし、社長が介入しすぎると人が育ちにくいため、一定規模以上には成長しにくいというのが、現場で見ている私の感覚です。

さないように我慢するしかない」と考える人が多いのではないかと思います。

たしかに、すべてに口を出していては、いつまで経っても人は育ちません。

それに、部下に対して社長と同じ能力を求めても、それは不可能です。これは社長に限らず上司全般に言えることですが、部下のスタイルやキャラクターは上司とは違いますから、上司のコピーを求められても、完全に同じようにはできません。

しかし、**社長の常人離れした価値へのこだわりや執着心があったからこそ、他と異なる価値を持つプロダクトやサービス、店舗などが提供でき、お客様に支持されてきたのも事実です。**

そうしたこだわりや執着心を捨ててしまえば、会社の価値の源泉がなくなってしまいます。全体の雰囲気も緩むでしょう。

そう考えると、**大切なのは、会社として「絶対譲ってはいけないこと」と「譲ってもいいこと」をはっきりさせることです。**方法論のレベルではなく、本質的な考え方のレベルで具体的に落とし込むのです。

アパレルショップの服のたたみ方を例に挙げると、「縦に折って横に折って斜めに折る……」といったルールを守らせるのではなく、「こういうたたみ方をするのは、お客様が手に取ったときに扱いやすいから」といった本質的な考え方を共有するのです。接客や営業、顧客に向き合う姿勢などすべて同じです。

それが社内に浸透すれば、メンバーは、単にマニュアル通りにやろうとするのではなく、「こういうふうにたたむと、もっと良いんじゃないか」という会話を交わすようになります。

そうやって考え方を浸透させても、社長は「なんだ、このたたみ方は！」と箸の上げ下ろしまで指摘しがちですが、メンバーは考え方がわかっているので、「なぜこのたたみ方だと社長は怒ったか」を深く理解できるわけです。

もし、社長が「絶対譲ってはいけないこと」と「譲ってもいいこと」を仕分けることができなければ、社長が信頼を寄せる経営陣の誰かに差配してもらうと良いでしょう。社長一人がすべてを抱える必要はありません。

悪い情報が上がってこないのは社長のせい

組織が崩壊する前兆として見過ごしてはいけないのが、「社長に悪い情報が上がってこなくなること」です。

「バッドニュース・ファースト」と言われるように、悪い情報ほど、素早く報告してもらうに越したことはありません。経営者として早期に手が打てるからです。

最初はそれほど問題ではなかったのに、時間が経つうちに問題が大きくなり、会社に多額の損害をもたらすことはよくあります。

ある企業の例です。CFO主導で資金調達を進めていました。財務に精通していなかった社長は、着実に資金を調達している様子を見て、そのCFOを評価していました。

ところが、うまくいっているように見えたのは表面上だけで、実際は会社の魅力や成長性をまったく伝えられておらず、どちらかというと評判が良くない投資家からやむをえず調達をしていたのです。同時に、金融機関から相当不利な条件で借り入れしていました。

そうしたことを逐一、報告を受けていなかった社長は、数年経ってCFOが退任した後に、後任者から「なぜこんな条件で調達したのか」と指摘され、ようやく事の重大さに気づいたそうです。

「うまくいっていないことをなんでもっと早く言わなかったんだ」と前任のCFOを問い詰めたところであとの祭りというわけです。

もっとも、悪い情報が上がってこなくなるのは、だいたい社長に原因があります。

「悪い報告したら叱責される」と思って、メンバーが報告をためらったり、ポジティブな情報だけを報告したりするようになっていくのです。

「厳しい批判も受け止めるので何でも言ってほしい」と言うので口に出したら、怒られた。あるいは怒られなかったけど、その後、ものすごく機嫌が悪くなった……。こうなると誰も悪い情報を報告したくなくなります。

すると「もうちょっと問題を解決してから報告しよう」と自分でこっそり火を消そうとします。ところが、それによってさらに火事が大きくなり、取り返しがつかなくなる……。よくあるパターンですね。

せっかちな人ほど、責任を個人に負わせたくなる気持ちはわかるのですが、社長自身の言動によって悪い情報が上がってこない構造をつくっているからこそ、そういう困った事態が起こるのです。

悪い情報が上がってくるようにするには、社長が、悪い情報でも「早く報告してくれたことには感謝したい」というひと言を忘れないことです。シンプルですが、とても大事な心がけです。

ただ、それでも悪い情報を積極的に話したい人はいません。なので、中間管理職が一般社員から声を吸い上げて、共有するといった具合に、悪い情報を吸い上げる仕組みや風土をつくることも並行して進めたいものです。

3 組織の「未達グセ」を変えるには

株主から冷たい視線を向けられる

子どもが成長する過程で生じる成長痛という言葉があります。スタートアップにも急激に成長する過程で生じる「成長痛」があるのですが、もっと厄介な症状があります。

それは、**「成長しない痛」**です。

会社を立ち上げ、順調に成長し続ければ良いのですが、思うように成長し続けられる会社などほとんどありません。一時的にうまくいったとしても、中期的には、掲げた目標を達成できないケースのほうがむしろ多いでしょう。

スタートアップはチャレンジングな目標を掲げるので、目標達成が難しいのはステークホルダーもある程度織り込み済みです。また市場環境が悪化し、予想外の逆風が吹くこともあります。目標に少し達していない程度なら、ステークホルダーは納得してくれます。

しかし、少しどころか、「目標の半分にも達していない」という大幅な未達だと、さすがにそうはいきません。未達が当たり前になる「未達グセ」がついてしまうとさらに厄介です。「どうせお飾りの目標でしょ」と誰も本気で目指さなくなるのです。

そうなると、スタートアップはあっという間に「成長しない痛」に陥ってしまうのです。

目標に対して大幅な未達が続くと、そのスタートアップに向けられるステークホルダーの目がガラリと変わります。本当に驚くほど素早く手のひらを返します。

まず、自社株を保有している株主・投資家からは、当然「どうなっているんだ」「大丈夫なのか」とお叱りの言葉をいただきます。

まだ出資していない投資家からも厳しい目を向けられます。したがって、新たに資金調達しようとするときに売上が伸び悩んでいると、投資家から出資してもらえなくなるのです。

仕方なく、過去に調達したときよりも株価を下げて増資する、いわゆる「ダウンラウンド」をしますが、それをやると、既存の株主から猛反発を受けます。持っている株の価値が下がって、損をしてしまうからです。

「では、同じ企業価値（＝株価）で、追加出資をお願いします」と既存の株主に言っても、「いやいや、業績が伸びていないので出せません」と断られます。実際、この現象はさまざまなスタートアップで起きています。*

金融機関も同様です。新規の借り入れが難しくなるのはもちろん、借り入れ条件によっては、一括の返済などを求められるケースすらあるのです。

「成長しない痛」によく効く薬はあるか？

「成長しない痛」によく効く魔法の薬があれば良いのですが、そんなものはありません。

まずは、目標が達成できない原因を論理的に分析し、打ち手を考えることが重要です。

目標達成できない組織は多くの場合、コストサイドではなく、売上サイドに問題があります。

そこで、「新規顧客の獲得数が少ない」「解約率が高い」「単価が思ったより低い」といった売上不振の原因を挙げていき、要素分解していきます。

たとえば、「新規顧客の獲得数が少ない」という原因について、「営業の受注率が低い」「そもそもアポイント（接点）が少ない」「ユーザーのチャーン（離脱）が想定より多い」など、さらに分解していきます。このように冷静に原因究明をしていけば、どこにどんな手を打てば良いかが見えてくるはずです。

営業トークを変えればいいのか、リストを増やすか、プロダクトの機能をアップデートするのか……感覚ではなく、成功事例はもちろん失敗事例や離反事例も徹底的に深堀りしながら改善し続けるしかありません。

また、これはたくさんの企業を見てきた実感ですが、**「事業面の課題」の裏には「組織面の課題」が隠れていることも多いです。**

「受注率が低い」原因一つとっても、じつは「スジが悪い」とうすうす思っていながら、社長が過去に決めた方針を変えられなかった。営業マネジャーのロイヤリティが低く、チーム全体の士気が大きく低下していた。こうした、組織の課題も複雑に絡んできます。

「そんなことはすでにわかっていて、もうやっています」という打ち手が出てくることもありますが、さまざまな原因を分析すれば、まだ取り組んでいない打ち手が見えてくるものです。

＊目標未達が続くと、社員も不安を覚えます。「夢と志を持って入社したけど、入る会社を間違えたかな……」とモチベーションが下がるだけでなく、最悪、退社する人も続出し、社員はさらに不安になるでしょう。こうして「成長しない痛」が悪循環を招くのです。

「やったつもり」で終わらせずに、一丸となって原因分析して、優先度とマイルストン（中間目標）を決めること。その原因に対する解決策が見つがるまで徹底して改善し続ける。

「成長しない痛」「未達グセ」の組織から、「目標を達成する」組織に生まれ変わるためには、そうやって地道な治療を続けるほかなく、特効薬などは存在しないのです。

KPIの背負わせすぎに注意

「目標を達成する」組織に変えるために、適切なKPI（重要業績評価指標）の設定も重要です。

目標が未達だと、会社によっては〝犯人探し〟が始まります。

「こんなにいいプロダクトをつくってるのに、営業の受注率が低すぎる」

「せっかく受注しているのに、カスタマーサクセスが弱すぎるからこうやって離脱していくんだろう」

「いや、開発人員が多すぎるから、価格が高いんだよ」

というように、組織なり個人なり、誰かに責任を押し付けようとするのです。人間の性《さが》でもあるのですが、犯人探しをしたところで何も解決しません。前項でも述べた通り、原因は一つではなく、組織の課題が複雑に絡み合っていたりするからです。

「ニワトリが先か、卵が先か」の構造もよくあります。

たとえば、「営業の受注率が低い」原因を探ると、「前段階のインサイドセールスのアポイントを取る対象が悪い」ことがあります。ニーズがないのに無理やりアポを取っていれば、営業がいくら頑張っても受注率は上がりません。

ひょっとしたら、「解約率が高い」のはカスタマーサクセスのせいではなく、「営業が受注時に期待値を上げすぎているから」かもしれません。

会社は組織で動いています。会社のどこにメスを入れれば全体が良くなるかを考えることから始めるのがいいでしょう。

そもそも、**このような〝犯人探し〟の構造が生まれやすい会社は、組織を縦割りにして、メンバー個人にKPIを背負わせすぎる傾向があります。**

自分の打率や防御率にしか興味がない選手ばかりの野球チームが強くなれないように、個人のプレイだけを評価しだすと、組織はかえって弱くなります。

「ニーズがないのに無理やりアポを取る」「営業が期待値を上げすぎる」といった行動は、個人のにKPIを背負わせすぎていることが原因かもしれません。

こうした組織文化を変える方法の一つが、目標管理制度の再検討です。

たとえば、いまやスタートアップで主流になっている、OKR（Objectives and Key Results）の導入です。

ざっくり言うと、個人のKPIだけでなく、組織全体の目標・目的（Objectives）をどこに置くのか、その組織全体の目標の達成度を測るために、どんな指標を置くか（Key Results）を決めていきます。

制度に囚われる必要はないのですが、組織のゴールが先にあり、その下に個人がある、そういう構造をうまくつくり共有できると、社員のベクトルは揃いやすくなります。

形式や制度を整えるだけでなく、上位概念にある組織のゴールを全体で共有すること。そのうえで、全体最適を踏まえて個々が何を目指すかを部門横断で見直す。これが重要です。

4 組織づくりには、社長自身の思想や本気度が表れる

目標以上に組織は成長しない。社長がチャレンジングな目標を信じる

組織全体で「成長しない痛」を克服するには、前項で述べたような左脳的な方法だけでは足りません。矛盾するようですが、右脳的なアプローチも必要です。

私はもともと左脳寄りのコンサルタント上がりではありますが、数多くの社長を見ていて、言えることがあります。それは、**しつこく「口に出すこと」です。**

実現が困難な高い目標や打ち手について、社長が「将来的には必ずこの目標を達成する」「その先にこんなビジョンや世界を実現する」と何度も言い続けるのです。

もちろん、プロセスには波がありますし、途中でうまくいかないこともあります。でも

業績が好調であっても停滞期を迎えても関係なく、将来的に目指す姿を口にする。何度も言い続けるのです[*1]。

先述したように、成長フェーズにある企業のなかでも特にスタートアップは実現できるかどうかわからないチャレンジングな目標を掲げます。資金調達をするとき、容易に達成できそうな保守的な目標を掲げていると、「その程度の数字を達成しても会社の価値は上がらない」と判断され、投資してもらえなくなるからです。

また、**会社は社長や経営陣が目指している目標以上に成長することはありません。**非連続な成長を遂げていくようなスタートアップの社長は必ず、「無理ゲーでしょう」と言われるほど高い目標を掲げることから始めています。

目標設定の方法に「ルーフショット」と「ムーンショット」という考え方があります。ルーフショットは「ゴルフで屋根に届くほどのショット」という意味が転じて、「ちょっと頑張れば達成できる目標」のこと。一方、ムーンショットは「ゴルフで月に届くほどのショット」という意味が転じて「実現が極めて難しい目標」を言います。はじめからルーフショットのつもりで打っていたら、高くは飛びませんが、ムーンショットを狙って打つと、ルーフショットではありえないような高さまで飛ばすことができます。

孫正義さんが、創業したての頃に、「いつか必ず、売上も利益も1兆（丁）、2兆（丁）と豆腐屋のように数えられる会社にしてみせる」と社員の前で言ったことは有名ですが、孫さんに限らず、大きく成長している企業の経営者には必ずそのような姿勢が共通しているのです。

トップが本気で信じていないゴールを、メンバーが目指せるはずがありません。論理的に多少飛躍があったとしても、信念を持って言い続ける。それに周囲の人たちが共鳴し、目標達成のためにベストを尽くす。そうやって、金やモノなどのリソースも集まってきます。

上場して時価総額が数千億円超に上っている企業も、全社員が皆、「絶対に行ける！」と思っていたかというと、「どうやって達成するんだよ」と、最初は疑心暗鬼だったということがほとんどです。しかし、社長が言い続けていたからこそ、社員もその背中を追いかけ、組織が成長を遂げていったわけです。[*2]

＊1 より正確には、中長期の目標やビジョンは野心的に、短期のゴールは冷静に。どこかで短期の成功体験をつくることは絶対に必要なのです。

＊2 「信じて頑張り続けたものの、どう考えても厳しい」と頭を抱えるケースもあります。実態が伴わないような目標は思い切って軌道修正するのも一法です。事業のピボット（詳しくは第4章で後述します）も含め、非常に難しい意思決定を迫られるため、社長の胆力が問われます。

株主・投資家に対して、「後出しジャンケン」をしない

179ページで、過去に資金調達したときよりも株価を下げて増資するダウンラウンドの話をしました。

株主・投資家から猛反対をされても、事業をどうにか存続させたい。そういう局面に立たされたら、ダウンラウンドで資金調達せざるをえないでしょう。

このときの鉄則は「後出しジャンケン」をしないこと。株主・投資家と、早め早めのコミュニケーションを心がけることです。

目標が大幅に未達になりそうなときも、株主・投資家にはできるだけ隠しておき、多少挽回できてから報告しよう、と思う気持ちは理解できます。しかし、自分たちだけでなんとかしようとすると、傷口を広げてしまうことが少なくありません。

いよいよ資金調達をしないと厳しい……という状況になってから報告したら、「もうちょっと早くわかっていたのでは?」「ダウンラウンドなんて困る」と言われてしまいます。

未達になることがわかったら、できるだけ早めに、「ここはうまくいっているけど、ここ

に課題があって、今数字が下振れしている。会社としてはダウンラウンドで資金調達しようと思うが、どう思うか」「今足りていない人材を紹介していただけないか」と株主・投資家に説明や相談をすることが必要です。

そのほうが、状況が悪化してから言われるよりも、株主・投資家も冷静に話を聞けますし、顧客の紹介などの支援も考えられます。また、ベンチャーキャピタルの担当者も、社内で許可を得るにあたって、多少は説明しやすくなります。

従業員に「バッドニュース・ファースト」を求める、という話をしましたが、社長自身も投資家や主要なステークホルダーに対しては悩みや課題を早めに共有する。悪い兆しがあったら、誠実にコミュニケーションをとり、助けを求めたり、説明をしたりすることが重要です。

責任感の強い社長ほど、自分一人で組織の責任を抱えがちです。しかし、(もちろん相手やシーンを選ぶ必要はありますが) 周りを巻き込む、良い意味で甘える、それがとりもなおさず、組織を助けることにもつながるのです。

「投資家対社長」「社長対従業員」という対立関係ではなく、「会社が成長したら互いにハッピー」「同じ船の仲間」という関係に投資家を巻き込める社長はピンチに強いと言えるでしょう。

「社長がやりやすい組織」では強くならない

組織の課題というのは、フェーズが変わるにつれてより複雑さを増していきます。どんな大企業でも、課題がなくなることはなく、特に組織が大きくなるほど、その難易度は増していく一方です。

それは言い換えると、かかわるメンバーやステークホルダーが増えている証であり、それ自体は素晴らしく、誇るべきことです。

しかし、ここまで論じてきたように、必ずしも社長がマネジメントや仕組みづくりに長けているとは限りません。むしろ、組織運営がしたくて、社長を始めた人はあまりいません。だからこそ社長の悩みは尽きないとも言えます。

組織課題に向き合う度に、「気の合う仲間数人でやったほうが楽しくやれるよな」と思った社長も多いと思います。これは紛れもない事実ですし、私自身もクライアントにこう言われたことは何度もありました。

一方で、目指すミッションやビジョン、大きなゴールに向かうためには、やはりより多くの人で力を合わせることが必要になる。それもまた事実です。

なぜ、エッグフォワードは多くの会社の修羅場や組織変革に向き合い続けるのか？

それは、社長にも社員にもまったく見えていなかった新しく素晴らしい世界を、かかわってくれた人たちみんなと一緒に見たいからです。

私は人の可能性を信じています。人が本来持つ可能性をいかんなく発揮し、チームや組織の掛け合わせにより生み出された価値は、個人や数人では決して成し遂げられない大きなインパクトを社会にもたらします。

しかし、そこに至るまでは、従来の組織運営の在り方を否定しなくてはいけないフェーズが必ず訪れます。そのとき社長は自分自身と真剣に向き合うことになるのです。

組織づくりには、社長自身の思想や本気度が色濃く表れます。放っておいたらいつか理想の組織が完成するなんてことはありえません。

社長が自分の好きなメンバーで周りを固め、自分がやりやすい組織設計をして、自分の思うがままコントロールしているようでは、組織の強化は望めません。

組織の在り方を変えるには、社長自身が過去のコンフォートゾーンを脱さないといけない。自分の目先の好き嫌いではなく、中長期のゴールに向けて全体最適で決断できるか――その覚悟が問われます。それは時につらくて孤独なことです。けれどやらなくてはいけないのです。

「小さくて、弱かった組織がここまで成長できるとは……」

将来、周年記念の式典等で当時を振り返り、あなたは組織が持つ力の大きさと偉大さに気づくはずです。それもまた、社長にならないと味わえない感覚です。

第3章 社長の心得

- 組織の崩壊は、企業の規模を問わず起こりうる。解決策は大きく二つ。HRに経営陣がリソースを割くか、組織運営の構造を整えるか。
- 社長の考え方に問題がある場合は、制度を整えるだけでは組織の体質は変わらない。社長自身が自分の心と向き合う覚悟が問われる。
- 組織が成長しない背景には、構造的な問題が潜んでいる。特定の人や組織を追及する「犯人探し」に終始せず、組織全体を分解し、どこにメスを入れればいいのかを検証するしかない。
- 社長の想いの大きさ、思想の深さによって、組織の形はまったく変わるという意識を持つ。とはいえ、組織の責任を社長一人で抱え込まないようにする。

Column
session 3

横領、パワハラ、情報漏洩……コンプライアンスを軽視する会社が招く悲劇

「え、あの人が……」コンプライアンス違反は予期せずやってくる

企業を経営していると避けては通れないのが、「コンプライアンス」の問題です。

コンプライアンスは「法令遵守」という意味ですが、現在では、法令だけでなく、社会的規範や就業規則などさまざまな規則を遵守することが求められています。これらに反すると、「コンプライアンス違反」とみなされます。

コンプライアンス違反の例を挙げてみましょう。

・お客様から預かっている個人情報を漏洩させた。

・部下に対してセクハラ・パワハラをした
・社員が会社のお金を持ち逃げした。集金したお金を自分のものにした（＝横領）
・交通費や飲食代などの領収証を偽造して、会社のお金を着服した
・SNSでお客様の誹謗中傷をした
・外部業者に高めに発注して、代金の一部を個人口座に流してもらった（＝キックバック）
・会社の備品や社用車をプライベートで利用した
・架空の取引によって営業数値を水増しした

創業初期のスタートアップに多いコンプライアンス違反は、お金に関するトラブルです。

なかなか表には出ませんが、かなりの割合の社長が、社員に持ち逃げや着服、そこまでいかなくても一定のトラブルに巻き込まれる経験をしています。

スタートアップは管理機能が弱く、金庫番を誰か一人に任せているケースも多いので、やろうと思えば簡単に不正ができます。

また、**そう思わせてしまう組織体質にも原因があります。**

事業が順調に成長しているときは「後で自分にも見返りがあるはず」と思えるので、不

正をする人はあまりいないのですが、事業がうまくいかなくなり、先行きが不透明になってくると、「自分が投下したお金や時間などが、ムダになるかもしれない」と不安になります。まして報酬も満足にもらっていないとなると、つい目の前の1000万円、2000万円に目がくらみ、「このお金、ちょっとくらい使ってもいいかな」となってしまうのでしょう。

横領した人に話を聞くと、「ほんの出来心だった」と言うのですが、背景にはもう少し根深いものがあると感じます。[*]

横領までいかなくても、機密データを抜き取って、転職先の競合他社に持っていってしまうのはスタートアップでもよくある話です。

これは悲しい現実なのですが、仕事に夢中になっているときは、そうしたことを考える余裕はないのですが、熱が冷めると自分が得をすることを一番に考え、権利主張や度を越した自己利益を追求してしまう人が一定割合いるのです。

＊横領した人に話を聞くと、理屈はさまざま。「ギャンブルで増やしたかった」と言う人もいれば、「このお金を他で増やして会社に貢献したかった」「これを元手に別の事業を立ち上げていつか返そうと思っていた」などと意味のわからない理屈を述べる方もいます。いずれにしても出来心を起こさせないような構造が必要です。

これまで私も、多くの社長からコンプライアンス違反の話を聞きました。こうした問題は、予期せずやってくるものです。しかも、「あの人、いかにもやりそうだな」という人ではなく、「え、あの人が⁉」という意外な人が問題を起こします。「マジか？」と確認すると、残念ながらだいたいマジです（笑）。

社員のコンプライアンス違反が判明したとき、社長は大なり小なりショックを受けます。「あの人はこれまでどういう思いで働いてきたんだろう」「今までしてきた会話って何だったのか」と相手の裏の顔に愕然《がくぜん》とし、人間不信に陥ることもあるでしょう。

「なぜもうちょっと早く気づけなかったのかな」「じつは、自分が思っているより、社内の人間関係はグラグラなのではないだろうか」と自分の経営手腕に自信をなくすこともあります。

コンプラ違反を責めても問題は解決しない

コンプライアンス違反が起きると、社長も人間ですから、違反した人を感情的に責めたくなるでしょう。

しかし、本人を責め立てても、問題は解決しません。特に、個人情報の漏洩やお客様の誹謗中傷、横領などの対処は一刻を争いますから、人を責めている時間などないでしょう。何千万円も横領されたとしても、取引先に「ドロンされたので払えません」とは言えません。

社長がとるべき行動は、事実を把握して、目の前の問題をどう解決するか、速やかに冷静に対処することです。横領されたなら、いち早く金策に走る必要があります。

目の前の問題に対処し終わったら、再発防止策を講じることが大切です。

コンプラ違反が起こったのは、当事者に責任があるのはもちろんですが、起こりうる状況を放置していた社長や経営陣にも責任があります。

横領の場合、その人にお金の管理を任せすぎて、チェック機能が働いていなかったことが原因と言えます。

小さな会社の社長は「忙しくて二重チェックをしている暇なんてない」と言うかもしれませんが、そんなスキを見せていたら、横領されても仕方ありません。お金の使い道を監視する仕組みをつくったほうが、社長も安心ですし、社員にとっても変な疑いがかからなくなるので、双方にメリットがあります。

さらなる違反を予防するには「線引き」と「貫くこと」が大事

コンプライアンス違反を未然に防ぐための予防策も必要です。

そのためには、**どこまでがセーフで、どこを超えたらアウトなのか、違反の基準を線引きすること。それを明文化して、社内で共有しておく**といいでしょう。

もちろん、線引きが難しいことはたくさんあります。たとえば、パワーハラスメント。成果を出すために叱責することは「指導の一環で必要」なのか、「人格否定であり、それをするのは会社の基準に反している」のかは、客観的な基準が示しにくいところです。

会社の基準を決めたら、それを貫くことも大切です。

口で言うのは簡単ですが、会社の基準を貫くのは社長としても極めて難しいものです。たとえばパワハラの基準を厳しくして厳格に適用すると、成果を出している人を降格させざるをえない場合があります。

実際によくある例ですが、自らも好成績を挙げている営業の責任者は、自分のような成績や営業方法を部下にも求めます。だから、パワハラと言われても仕方のない厳しい指導をしがちです。ただ、そういう営業責任者を降格させると、会社の売上が下がります。そう考えて、社長は処分をためらうかもしれません。

しかし、**もしアウトの基準を超えているならば、「これは会社としての基準に反する」「イエローカードだよ」ときちんと言わなければいけません。**基準に反している人を黙認していると、「じゃあ、私だって許されるだろう」となり、どんどんモラルが低下します。

創業からしばらく経ってから違反の基準を決めると、たいがい、違反している人から反発があります。

「創業当初、私の指導は素晴らしいと言っていたじゃないですか。それを突然今日からコンプラ違反だなんて……」手のひらを返された、と反発されるわけですね。

現実的に、スタートアップだとコンプライアンス違反の前に優先度が高いことがあるので、その予防にまで手が回っていない会社がほとんどだと思います。

しかし、そうした反発が起きても、定めた「一線」を越えたコンプライアンス違反は厳しく取り締まらなくてはいけません。

会社の状況も個人の状況もわかりますが、組織が大きくなるにつれて「アウト」の基準は明確でないと、解釈次第で大きなトラブルが発生することになるのです。たとえ会社の功労者であっても、「コンプラ違反をしたなら、相応の対応をしますよ」と示す勇気を持つことが社長には求められます。

コンプラ違反だけに対応していても、事業は成長しない。トラブルが生じたら、矢面に立ち続けなくてはならない。そういった意味でも、社長は孤独になりやすい役割であり、同じ社長として同情の目を向けざるをえません。

しかし、従業員のコンプライアンス違反でも、**最終的な責任を取るのは社長です。「僕は見てないので、知りません」とは言えません。**

社長同士で話していると、よく「社長は謝るのが仕事ですから」という話になります。コンプラ違反に直接関与していなくても、それが起こる構造をつくってきてしまった、手を打ってこなかったという意味では社長に責任があるのは事実なのです。

第4章

最初に考えたプロダクトはなぜうまくいかないのか

——0→100を可能にする「事業のマネジメント」

1 「9割失敗する」商品・サービスに欠けている視点

満を持してリリースするも……

ここまで、「カネ」や「人」、「組織」についてお話ししてきましたので、ここからは「モノ」に視点を移しましょう。事業に関心のある読者の皆さんは、この章から読んでいただいても構いません。

多くの企業が創業初期から思わぬ苦戦を強いられるのが、「モノ」、いわゆる事業のマネジメントです。

特にスタートアップは、これまでにないプロダクト（商品やサービス）を掲げて、「0→1の起業」をすることが大半です。

しかし、エッグフォワードも、私がかかわってきた多くの企業もそうですが、**最初に考**

えたプロダクトが初期から順風満帆に売れ続けてうまくいったケースを、ほとんど見たことがありません。*

なぜうまくいかないのか、その原因を探っていくと、「スタートアップが陥りがちな罠」に行き着くことになります。

起業家が大きなリスクを負ってまで起業する理由には、「こういうサービスを世に出したい」「こういうプロダクトをユーザーに届けたい」といった強い想いがあるケースが多いです。すでに売れている他社のプロダクトと同じモノを市場に投入しても、意味がありません。ところが、そういう想いがなまじ強いために、視野が狭くなっていく。プロダクトやサービスへの想いが強いほど、気づかない間にユーザー視点が抜け落ちていくのです。

その結果、ユーザー視点から生まれたマーケットインではなく、つくり手視点から生まれたプロダクトアウトになりがちなのです。

もちろん、起業家も最初からすべてがうまくいくと思っているわけではありませんが、良

＊スタートアップや新規事業がうまくいく確率は良くて打率1割、「1000に3つ」などと言われるのも、経験上うなずけます。

いプロダクトやサービスを世に出せば、すぐにリアクションがあるはずだと期待してしまうもの。ですが満を持してリリースしたものの、期待していたような反応がまったくない、そんなケースが非常に多いのです。

最初のプロダクトが売れない時期が長引くと、どの起業家も（表には出しませんが）相応にはショックを受けています。

あらゆる犠牲を払って開発したプロダクトやサービスなのに、反応が非常に芳しくないのですから当然です。

改善点が見つかるならまだ良いほうで、リアクションが薄かったり、「ちょっと難しいですね」というあいまいな表現で断られたりすることもしばしばです。毎日のように否定され続け、何の成果も得られず家に帰るのです。

ユーザーからすればサービスに興味・関心が薄いだけなのに、想いをもって創業した起業家のなかには人格否定され続けるような気持ちになって落ち込んでしまう方もいます。*

独りよがりにつくらず、ユーザーの反応を見ながらつくる

少し厳しいことを申し上げると、最初のプロダクトが受け入れられなかったからといって、「否定された」「苦しいな」と思っているだけでは、そのフェーズは100%越えられません。どうにか皆さんには、この局面を打開してほしいです。

そこで、プロダクトやサービス開発における大切な視点をお伝えしましょう。

ユーザーから支持されるプロダクトを生み出すには、独りよがりにつくり込むのではなく、ユーザーにテスト段階のプロダクトを使ってもらい、反応を見ることを繰り返す必要があります。

何が受けて何が足りなかったのかを分析し、新たなプロダクトに反映させて、またユーザーに試していただく。そのサイクルを超高速で、根気よく回し続けるのです。

何度も試してもらうことを考えると、最初からプロダクトはつくり込みすぎる必要はありません。最低限、ユーザーの反応が得られるものなら十分です。

＊「売上はすべてを癒す」とは真逆で、売上があまりにも上がらないと、すべてが悪いように思えてきます。そのうち、組織内で「そもそもこのプロダクトはどうなんだ」「いや、もっと言うと、このビジョンが悪いのでは？」と根本的なことを指摘する人が出てきてギスギスした雰囲気が漂い始めます。

のちに爆発的に成長したある著名なスタートアップの社長は、最初はプロダクトの影も形もなく、「1枚の紙」だけで営業をしていました。

あたかも目の前に完成したプロダクトがあるかのように、「こんな課題を具体的にこうやって解決できるんです」と鮮やかに説明していきます。

そうして得られたお客様からの反応を参考にして、少しずつ改良を重ねプロダクト設計を磨き込んでいきました。

こうすれば、スタートアップのような小さな会社でも、本当に使いたい人がいるプロダクトを見つけることができます。いや、「見つける」というよりは「アップデートして見いだしていく」という表現が正しいでしょうか。

スタートアップの世界では、プロダクトが最適な市場に受け入れられている状態をPMF（プロダクト・マーケット・フィット）と言うのですが、自分なりに構想を考えてプロダクトをつくり込み、完成度を高めた状態でユーザーに試してもらってみたらPMFしなかった、というケースがあまりにも多く見られます。開発の早い段階で、いやもっといえば、構想の段階でユーザーに試してもらっていたら、このようなことは起きません。

「創業当初はマンションの一室から始めて成功した」という美談こそ数多く耳にしますが、じつはそんなケースはごく一部にすぎません。

それよりもはるかに多いのは、同じようにマンションの一室でつくっていたものの、ユーザーがつかず、「やっぱり世の中わかってくれないな」とマンションの一室で会社を閉じてしまった残念なケースです。

ただ、その対極的な二者も、最初は、同じようなプロダクトを開発しているものです。両者を隔てる壁は何かというと、**自社のプロダクトをユーザーに使ってもらい続け、高速で磨き続けていたか否か**、その一点に尽きるのです。

「こういうプロダクトがあったらいいな」というプロダクトアウトの思考だけでは、その壁を突破しにくい、ということは覚えておいたほうが良いでしょう。

スタートアップと大企業の商品開発の「明らかな違い」

ユーザーに試してもらいながらプロダクトをつくっていく重要性は大企業でも、スタートアップでも変わりません。しかし、その考え方は、大企業とスタートアップで指向性が大きく異なります。

大企業が新たなプロダクトを開発するときの基本的な考え方は、多くのユーザーを獲得できるようなモノを見つけ出すことです。**相応のマーケットボリュームを獲得できなければ、大企業で取り組む意味はありません。**

最近はだいぶ変わってきていますが、大企業で新たなプロダクトを開発するときには、市場分析がよく用いられます。

マクロ環境（PEST分析）などを踏まえて、市場を細分化し（セグメンテーション）、どの市場をターゲットにするかを決め（ターゲティング）、その市場のなかでどのようにプロダクトを差別化するか考える（ポジショニング）といったようにして、ボリュームがあり、優位性のあるターゲットを見つけ出す。

そして、営業や宣伝、販促などに多額の資金を投入し、ターゲット層に働きかけていきながら多くのユーザーを獲得していくわけです。

一方、スタートアップは、大企業のように資金が潤沢ではないので、広い層に働きかけるようなことはできません。

そこで、スタートアップに欠かせない考え方が、たった一人でも「熱狂的なコアユーザーを見つけ出すこと」です。熱狂するユーザーなので、文字通り「熱狂者（クレイジーカスタマー）」と私は呼んでいます。

創業初期の未熟なサービスにおかしいくらいに本気でトライしてくれて、「ここがすごくいい」「ここがちょっと足りない」という良くも悪くもリアリティのある意見をくれる。

こうした「熱狂者」が数人見つかるだけで、有意義な改善ができ、本当に刺さるサービスに進化させやすくなります。

さらには、サービスを使ってくれることで、その人が良い事例になり、他の人に評判を広めてくれます。**薄いファンが100人いるより熱狂的なファンが3人いたほうが、サービスを使ってくれる人が確実に増えていくのです。**

私自身も、エッグフォワードを創業した当初は、これまでにない組織開発のトレーニングやHRのプロダクトを開発し、それを広めていきたいと考えていました。

最初の顧客は、熱狂的な一人の担当者です。思想に共感いただき、ある意味で、サービスを共同開発してくれた「功労者」とも言えます。

その方は、同業他社よりもエッグフォワードのサービスを使うべきだという意志で稟議を上げ、社内のキーマンに説得までしてくれました。一方で、サービスの改善点や強化すべき点についても数限りない意見をくれました。*

後日談ですが、その担当の方に、他のサービスもあるなかで、なぜ、そこまでエッグフォワードのサービスを推してくれたのかと聞いたことがあります。その方はこう口にしました。

「長らくこの業界にいて初めて、サービスが目指す世界観に心から共感したんです。エッグフォワードさんのようなビジョンを持つ会社が世の中に必要だな、と」

「熱狂者」が見つかったおかげで、事業を軌道に乗せることができた会社は非常に多いのです。サービスの優位性で熱狂的なユーザーになってくれるケースもありますが、サービスの持つ思想自体に共感いただけるに越したことはありません。

＊ スタートアップの世界で王道とされるのは、「N1インタビュー」です。広くて浅いサーベイではなく一人のお客様に深くインタビューをすることで、自社サービスが支持されるニーズを掘り出していきます。出てきたニーズに対する価値観を強化していけば、ビジネスを拡大しやすくなります。

2 お客様は「課題」を教えてくれない。自力で見つけよ

プロダクトを試してもらうときに意識すべき三つの要素

もちろん、やみくもにサービスやプロダクトをつくってユーザーに試してもらっていても、ユーザーから良い反応は得られにくいし、効率も良くありません。

この章の冒頭で、社長が「強い想いでプロダクトを立ち上げたあまりに、ユーザー視点が抜け落ちてしまう」と話したように、お客様に支持されるサービスやプロダクトを生み出すには「ユーザー視点」を持って、プロダクトアウトではなくマーケットインの考え方で、自社のサービスやプロダクトに欠けているものが何かを考えることが大切です。

お客様が欲しいと思うサービスやプロダクトかどうかは、次の三つの要素でチェックできる、と私は考えています。

- 課題（ニーズやペイン）
- 提供価値（競合との違い）
- 価格（ビジネスモデル）

1番目は、「課題（ニーズやペイン）」。

サービスでもプロダクトでも、お客様がお金を払っても良いと思うものは、必ず、お客様が抱える課題、言い換えれば、ニーズや悩み（ペイン）をつかんでいます。それらがよくわからないまま妄想でサービスやプロダクトをつくってしまうと、「お客様のニーズがまったくない」ことも起こりえます。

2番目の「提供価値」は、お客様に提供するプロダクトやサービスの価値のことです。

提供価値にはさまざまなものが含まれます。課題を解決するためのソリューション、プロダクト、サービスが他のサービスよりどれくらい優れているのか。その効果が「高いか低いか」だけでなく、「どれくらいのスピードで提供するか」「提供される価値に常にブレがないか」といったことも価値に含まれます。

サービス自体は良いサービスだったとしても、長い時間待たないと得られなかったり、不良品の割合が高かったりしたら、提供価値は下がってしまいます。

お客様の課題やニーズは把握しているのに、提供価値が弱い、ということは少なからずあります。

3番目は「価格」です。

「課題解決のための価値を、お客様が払ってもいいと思うような価格で提供できるか」が重要ですが、価格にはいろいろなパターンがあります。

たとえば、1回だけ代金を徴収して終わりの「売り切り」もあれば、毎年・毎月継続して料金をお支払いいただく方法もあります。いわゆる「サブスクリプション（サブスク）」と呼ばれるモデルは後者ですね。

サブスクでも、導入時に費用をいただいて、継続でいくらか徴収するパターンもあれば、最初は無料にして使ってもらい、一定の期間を過ぎてから料金をいただく方法や、特定の機能を使うときのみ別料金を徴収する方法などがあります。

つまり、価格設定は、単に高い・安いだけではなく、ビジネスモデルとも関係してくるのです。これら複数のパターンのなかから、お客様が納得のいく料金体系を設定する必要があります。

「課題」「提供価値」「価格」の三つの要素のいずれか一つでも欠けると、売れるプロダクトやサービスにはなりません。ユーザーがどう思うのかは机の上で考えていてもわからないので、実際のユーザーに試してもらいながら検証していくわけです。

ペルソナを設定するメリット

三つの要素のうち、まずは「課題」から見ていきましょう。

顧客のニーズやペインを明確にするうえで設定すると有効と言われるのが、**「ペルソナ」**です。

ペルソナの語源は、「仮面、人格」といった意味ですが、プロダクトやサービスを購入するメインの顧客像をそれこそ顔が見えるくらいに具体化するのです。

BtoCであれば、職業や役職、居住地、家族構成、趣味など、BtoBであれば企業の特性や立場、意思決定権など事細かく想定していくことで、顧客の解像度が高くなり、ニーズやペインを精緻に考えやすくなります。

一口に「30代男性」といっても、いろいろな方がいますし、ライフスタイルや考え方はバラバラです。

「首都圏在住の30代男性。既婚で未就学の子ども一人。ＩＴ企業に勤めている。共働きで世帯年収は１０００万円。都内にマンションを購入している」などあたかも実在しそうなぐらいまで解像度を上げてペルソナを設定すると、検証する意義のある示唆やデータが得られ、効果的にプロジェクトを改善できます。

属性が近い人は同じようなニーズやペインを持っていることが多いです。

その人にはどういう課題があるか、何に悩んでいるか。何にだったらお金を使うのか。普段はどういうものを買っているのか、意思決定基準は何で、どんな選択肢をどのように比較して決めるのか……。これらがわかると、ペルソナに近い層に深く刺さるプロダクトがつくりやすくなるのです。*

こうして顧客像を描くことで、ニーズやペインをつかみやすくなるのが、ペルソナを設定する一番のメリットです。

＊逆にペルソナに近いユーザーに試してもらって反応がイマイチな場合に、プロダクトではなく、ペルソナの人物像を変えていくということもあります。ペルソナはいろいろなパターンに応用でき、奥が深いのです。

ペルソナは一つである必要はない

少し補足すると、**ペルソナは開発段階だけでなく、プロダクトやサービスが固まったあとに効率的な営業活動をするうえでも役立ちます。**

営業のリソースが限られるなかで収益性を高めるためには、たとえば、受注率の高い属性のお客様や、継続的に使ってもらえる「LTV（ライフタイムバリュー、顧客生涯価値）」の高いお客様の優先度を上げることが重要です。

そのとき、すでにプロダクトやサービスを使っているお客様の中から、購入単価や頻度が高かったり、周囲に広げてくださったりするロイヤルユーザーを調査して、ペルソナ化すれば、効率良く営業活動ができます。

あるいは、**「逆ペルソナ」として、自社サービスを使い始めたけれど嫌になる人や飽きる人がどんな人なのかを分析するのも効果的です。**

いつ、どういう理由で使わなくなるかとか、その兆候やきっかけがどういうところに出るのかが見えてくれれば、それを踏まえて、もう少しフォローしたり、使い方を提案したりして、チャーン（顧客が途中でサービスを解約すること）を改善する施策が打てるわけです。

ペルソナというと、どうしても「一つに絞り込む」というイメージを持つ方が多いのですが、必ずしも一つである必要はありません。

たとえば、最もコアなターゲットであるSランクのペルソナだけでなく、周辺のAランクのペルソナも設定することも多いです。

Aランクは購入単価が下がったり購入頻度が落ちたりしますが、ボリュームも大きいので、セカンドターゲットとして狙う価値があります。Sランクの顧客とAランクの顧客それぞれに向けたアプローチにも明確に違いを出せます。

成功するペルソナ❶
ユーザーインタビューで「リアルな声」を取り込む

ペルソナの設定はさまざまなアプローチがありますが、**架空のお客様を捏造《ねつぞう》するよりも、**

実際にいるお客様をイメージするほうが、ヒットする確率が間違いなく上がります。

自分の中で「こんな人がいるだろうな」「その人の生活や仕事のやり方を考えたときにこんなニーズがあるんじゃないか」と想像しても、じつはそんな人はいない、ということが起こりがちです。

そこで行なうのが、**ユーザーインタビュー**です。お客様の一人を深掘りしても（N1インタビューと言います）、複数の方に参加していただくグループインタビューでも良いでしょう。BtoCだけでなくBtoBでも同じアプローチが使えます。

ただ、実際にユーザーインタビューをやって戸惑うのは、異なる意見がたくさん出てくることです。場合によっては、両極端の意見が出てくることも少なくありません。

たとえば、社員のマネジメントに悩んでいて、人材研修サービスの導入を検討している顧客が複数いたとします。

マネジメントスキルが足りないことは共通するとしても、「マネジメントスキルを向上させるだけのまとまった時間やリソースを取れない」という人もいれば、「時間は取れるが、理論と実践のギャップがあってうまく使えない」という人もいます。あるいは、「そもそも、マネジメントをする必要性がわからない」という人もいたりと、課題が多岐にわたります。

一つの課題に向けた解決策にもいろんな声が出ます。「マネジメントスキルを向上させるだけの時間やリソースを取れない」という課題に対して、「スマホを使ってオンデマンド視聴可能な利便性のあるマネジメント支援サービス」という解決策を提示したところ、「忙しい隙間時間に、各人が気軽に学べて良い」という声がある一方で、「忙しいからこそ、決まった時間に仲間とまとめて集中して受けられるほうが良い」という真逆の意見が出てくることもあります。

こうした声すべてを真に受けると、確実に失敗します。ユーザーインタビューで聞いたすべての声を反映させようとすると、「短時間で集中して受講できるが、途中で抜けることもできる」といった、なんとも中途半端な最大公約数的な研修サービスになって、誰からも支持されなくなってしまった、ということになりがちです。

成功するペルソナ❷
五つの判断軸から「寄せていくペルソナ」を決める

そうならないためには、全員のニーズやペインを満たそうとせず、先に述べた**「熱狂者」**

になりうる一部のコアなユーザーの課題（ニーズやペイン）だけを満たすようにすることです。

ここから少し専門的な話になりますが、プロダクト開発には欠かせない視点なので、興味のある方は参考にしてください。

どんな消費財でも、日本国民全員に向けて商品を開発するようなケースはまずありえません。資本力の乏しいスタートアップであればあるほど「どのペルソナに寄せるか」を決めるのと同時に、「このペルソナには寄せない」という意思を明確にしておくことが重要です（のちのち、軌道修正して対象を広げることは可能です）。

そうなってくると、悩ましいのは「どのペルソナの意見」に寄せるか、です。判断軸はいくつかありますが、ここでは代表的な五つを紹介しましょう。

まずは「ニーズや課題の深さ」です。

ユーザーにはどんな課題があり、それがどれくらい本質的な悩みや課題なのか、その度合いで決めるのです。先ほどのマネジメントスキル向上研修の例で言えば、受講環境の課題がすごく深刻なもので、それが解消されればめちゃくちゃ大ファンになりえるようなポジティブなものなのか、それとも「あったらいいよね」程度の浅いものなのか。

一方、それを重視しないユーザーのニーズは、「あっても良いけど、ないほうがいいんじゃないか」程度なのか、「それがあるだけで、かかわりたくない」ぐらいネガティブな影響があるのか。その度合いを見極めて、より深いニーズや課題を持つユーザーの声を受け入れることを検討するのです。

二つ目の判断軸は、「人数のボリューム」です。研修を受講しやすい環境を必要とする人と要らない人の割合が半々なのか、9対1あるいは99対1なのかによって、判断は変わってきます。半々は難しいですが、たいがいはどちらかに寄っていることでしょう。

多数決がすべてではなく、「うちは少数派のほうで行く」という固い意志があるならそれを貫き通しても良いですが、一つの参考にはなります。

三つ目の判断軸は、「課題の解決可能性」です。非常に深く、ボリュームがある課題に対して、自社のアセットや強みを活かすとどれだけ解決可能性を見いだせるかを判断します。

もちろん、すぐに解決できるほど簡単な課題はそもそも扱わないでしょうが、最初から箸にも棒にも掛からない、解決策の選択肢すら何ら見いだせないような課題は「解決可能性はない」として除けることができます。

四つ目の「どちらが競争優位性をつくりやすいか」も重要な判断軸です。競争優位性とは、そのサービスやプロダクトが、競合他社よりも有利な状況になる性質を意味します。ライトに学びたい層は取り込みやすいけど学習姿勢が弱いため、他社のサービスになびきやすい。一方、ストイックな学びが好きな人は1回取り込んでしまえば他社のサービスに移りづらく、むしろ自社のファンになって広めてもらいやすいといった具合です。

こういう競争優位性を考えながら、ターゲットから見た魅力度を、自社の強みやアセットを踏まえたうえで考えていくのも一つの手です。

最後の判断軸は、「収益の観点」。顧客の数だけではなくて、単価や粗利率、購買頻度などを考慮して、どちらのサービスがより粗利が高く、また継続してもらいやすいかという観点で判断します。

成功するペルソナ❸ ペルソナに頼りすぎず、ユーザーに試してもらいまくる

以上がペルソナ設定の基本的な考え方ですが、あくまで理想論に近い話で、**どういうお**

客様をペルソナにすべきで、そのお客様がどんなニーズやペインを持っているのかは、最初から簡単にわかるものではありません。

最初からうまくいくなら、マーケティングのプロをたくさん抱えている会社は全商品ヒットしているはずですが、全然そんなことはありません。

マーケティング予算を最大限投資してつくったプロダクトやサービスでも、反応はいま一つだったというケースは数多く存在します。机の上だけでわかることには限界があるのです。

ビジネスの特性にもよりますが、アプリやソフトなどサービスをすぐに変えられるビジネスをしているなら、頭でっかちになりすぎるより、ユーザーに何度も試してもらって、早めに改善のサイクルを回していくほうが良いでしょう。

逆に、設備投資など大きい投資が必要な場合は、とにかく大型の投資を行なう前に、構想やプロトタイプベースでもいいので、いかに多くのユーザーに試してもらえるかが勝負の分かれ目になります。狙うべきペルソナを設定できますし、その人のリアルな課題やニーズも見つけられます。

事業の規模によらず、やはり最終的にはユーザーに試してもらい、改善を繰り返すことが重要です。

3「選んでもらい、買ってもらう」ための高いハードルを越えるには

たくさんの付加価値より「一点集中突破」

顧客のニーズやペインをつかんだら、どんな価値を提供していくかを考えていきます。210ページで述べた、お客様が欲しいと思うサービスやプロダクトに欠かせない二つ目の要素「**提供価値**」です。

提供価値と聞くと、「できるだけ多くの付加価値があったほうが良い」と考える人がいますが、私は、スタートアップの創業初期では、プロダクトやサービスの提供価値をとことん絞った「一点集中突破」がいいと考えています。

知名度の低いスタートアップのプロダクトやサービスは、尖った価値がないと、お客様に振り向いてもらえません。顧客の心をつかむには中途半端な付加価値が複数あるより、小さくても良いので類似サービスにはない価値が一つあったほうが強いからです。

もう少し具体的に言うと、とにかく一番困っていそうなところや「せめてここだけは解決してほしい」という課題を絶対に解決できる。あるいは、何かの業務がめちゃくちゃ楽になる、といったターゲットのペインに刺さる価値があると、お客様の心に届きやすくなります。プロダクトをつくってきた社長はつい、自身の関心のある価値を推しがちですが、顧客の課題にとって意味のある価値に絞るということが必須です。*

たとえば「組織全体の活性度が上がります」といったあいまいなものではなくて、新卒の離職に悩む人事担当には「新卒入社3カ月以内に離職する人が激減する」と打ち出したほうが、ターゲットは狭いものの、そのターゲットへの訴求力はグンと高くなります。「営業力の底上げになります」よりは、「具体的なニーズを持つ決裁者とのアポを月に3件必ず保証します」のほうが、アポイントが少なくて悩む営業部のリーダーには刺さりやす

＊私は釣りが好きなのですが、釣りにたとえるとわかりやすいかもしれません。イワシも、イカも、マグロもまとめて釣りに行くことは普通、ありえないわけで、何か1種に絞れば他の魚は釣れないのです。

いのです。

また、類似サービスにない価値だとしても、それがわかりにくいとお客様には刺さりません。提供価値はパッと聞いてすぐわかるに越したことはありません。

「今までにないＥＣのサービスで……」と言うより、「有名なＥＣサービスの○○領域の特化版です」といった形で伝えます。

さらに突っ込んだ話をすると、**提供価値は、導入する顧客にとっての「売上増」や「コストダウン」などの効果が数字で示せるといいでしょう。**

顧客が重視するＫＰＩに明確に寄与することが伝えられれば、サービスやプロダクトの導入による費用対効果がわかりやすくなります。

「導入によって、業務コストが○○円削減できる」「他の採用サービスからの切り替えで、新規アポ数、解約率などが○％向上が見込める」といったことですね。すべては証明しきれないまでも、できるだけ費用対効果を明示するよう意識したいところです。

安くたくさん売るか、高くして粗利をとるか

提供価値が決まったら、プロダクトやサービスの「価格設定」をしていきます。売れるプロダクトやサービスに欠かせない三つ目の要素です。

価格設定は、これだけで本が何冊も書けるぐらい壮大なテーマです。自社の方針に沿った、絶妙なラインを決めるのはじつに難しいので、ここでは要点のみをお伝えします。

どんなに顧客の課題やニーズに応えたサービスを考え出すことができても、価格設定が悪ければお客様にお金を出していただけません。

商品に見合わない高額な価格を設定すると、手に取ってもらえない。かといって安くしすぎると、利益が得られずビジネスとして成り立たない。最初に薄利な価格を設定してしまうと、のちのち収益に大きく響いてきます。

あえて単純化した例を挙げると、原価100円のカボチャを110円で売るとしましょう。粗利はたった10円ですね。たくさん売って10円を積み上げていくビジネスです。

しかし、そのカボチャに何らかの価値を付けて200円で売れたら、粗利は100円もとれます。

もちろん200円で売ったら販売個数は下がるかもしれませんが、個数が減ったとしてもトータルで見たら、200円の値付けのほうが多くの粗利が出る可能性があります。

たとえば、1000円の粗利を得るのに、110円で販売したときは1個当たり10円（粗利）×100個売る必要がありますが、200円で売ったら1個当たり100円（粗利）×10個売れば良いわけです。

現実でもこういうケースは多く見られます。

なにかサービスを売るときに、粗利が低いと、たくさんのお客様から受注しなければなりません。受注数は積み上がりますが、1件ずつ提案や商談をするため手間がかかりますから、営業や管理のコストはどうしてもふくらみます。

一方、**粗利が高ければ、そもそも対応する顧客の数も少なく、提案の手間も減り、利益が出やすくなります。**その半面、ターゲットが狭く、何らかの差別化や優位性がないと売ることは難しくなるというデメリットは頭に置いておかないといけないでしょう。

価格を決めるアプローチ❶　ビジネスモデルから考える

ここで注意したいのは、うっかり低く設定した価格を、あとから値上げするのは難しいということです。最初に不用意な価格設定をすると、常に経営が苦しい状態に陥るわけです。

そんな事態に陥らないためには、何を基準に価格を決めれば良いでしょうか。

価格を決めるアプローチは複数ありますが、私は「ビジネスモデルから考えること」と「差別化要素を明確にすること」の二つが基本だと考えています。両者は別々に考えるのではなく、連動して価格が決定します。

先ほどの例で青果を販売するというビジネスの場合、単価だけに注目する前に、ビジネス全体として実店舗を構えて販売するのか、ネットショップだけで販売するのか、あるいは、売り切り型なのか、契約したら毎月届けるサブスクサービスなのかといった、ビジネスモデルの違いで価格設定は変わってきますし、当然ながら提供価値も変わってきます。

実店舗も、都会の一等地に店を出すのと、郊外の無人販売所では、アクセスという価値が違うので価格設定が違って当然でしょう。

バリューチェーンの最後の売る機能だけを担っているのか、野菜の生産まで担うのかによっても価格は違ってきますし、単価が高いなら「無農薬野菜を売っている」「調理の手間が省けるようカット済みの野菜を取り揃えている」「ユーザーの課題に沿った料理方法まで提案する」といった特色を出すことで価格設定は変わってきます。

採用支援のサービスでも考えてみましょう。「採用候補者の面談とセットで1件当たりいくら」の課金型送客サービスなのか、「1採用当たり料金が発生する」成功報酬型なのか、はたまた、「採用候補のデータベースの提供」のみで提供したあとは顧客に任せるのか。そのビジネスモデルの違いによって、提供価値も変わりますし、価格設定もまったく変わってきます。

多くの人は、プロダクトやサービスをつくり出す原価や営業、広告といった間接費用などのコストから積み上げていきたくなりますが、**お客様から見たらコストがいくらかかったなんて知ったことではありません。**

お客様にどのようなビジネスモデルで価値を提供していくかをまず決める。それを基準にして、「こうした価値が得られるなら、いくらぐらいは払ってもいい」と納得してもらえる価格を設定していく。この順番が理想です。

提供価値によっては価格を高く設定しても、お客様はお金を出してくれます。たとえば、「無農薬野菜なら高くても買う」という人もいれば、「カットされていて調理の時短ができるなら、高くても買う」という人もいるでしょう。

そういったことを考慮しながら、提供価値とビジネスモデルに合わせた価格を決めていきます。*

価格を決めるアプローチ❷
競合との差別化要素を明確にする

ただし、悩ましいことに、自社だけのことを考えていても価格設定はうまくいきません。**大半のケースにおいて「競合との比較」が必要になるからです。**

もし、自社のプロダクトやサービスが他社で提供していないものであれば自由な値付けができますが、競合プロダクトや似たサービスより価格設定を高くしたら、よほど他社にはない価値を提供しない限り、価格競争にはまず勝てません。

ちなみに、かつてのエッグフォワードはまさに競合との比較において、値付けに苦労した典型例でした。

＊それに加えて、コピー機のように「最初の導入コストは安くして、メンテナンスコストを継続的に取る」、ネットサービスのように「最低限のサービスは無料で使えるけれども、高度なサービスは有料にする」など、〝回収の仕方〟でも価格設定が変わってきます。

創業当初の弊社は、会社の成り立ちや事業をきちんと把握したうえで組織の設計や人の育成をワンセットで行なうという、他の戦略コンサルティング会社や研修会社がやらないポジションをとっていました。戦略コンサルティング会社だと組織の設計や人の育成まではやらないし、一般的な研修会社は上流のコンサルティングはしません。その両方ができるところがなかったのです。

最初は提供価値をベースにした値付けを検討したのですが、無形のサービスであるうえ、類似サービスがあるようでないので、顧客からは「コンサルティング、研修、ツール」という三つのドメインの競合と価格を比べられていました。

すると、相場が高い戦略コンサルティングと比べられると「その程度の金額で利用できるのですか、安い！」となるのですが、「もっと人を常駐で出してください」といった、いわゆるコンサルティング会社のアプローチを求められてしまいました。

一方、「研修」と見られると「1回いくらで売り切りの研修と比較して、価格が高いですね」となる。

さらに、「ツール」を提供してもらうだけでいいと思っている担当者からすれば、人が介在しない他のツールと比べてやはり価格面でメリットを感じてもらえず導入に至らない。

そうなると、どこの分野で戦えば良いのか、当時は右往左往したものです。エッグフォワードのビジネスモデルは業界では類を見ないものだったにもかかわらず、価格面がネックになってしまい、他社にない圧倒的な価値に気づいてもらえにくかったのです。

市場が適正価格を決めてくれる

そういった局面を脱して、適正な価格が決められるようになったのは、大手企業をはじめ導入事例が増えてきてからです。

経営視点のビジョンを踏まえながら事業戦略まで押さえた組織・人材支援のサービスを評価する声が徐々に広まり、潮目が変わりました。離職率やエンゲージメント指標の改善、さらには事業成長と上場確率の向上といった価値が次々と可視化され、エッグフォワードが狙うべき市場は徐々に形成されていったのです。

すると、市場によって適正価格がおのずと決定づけられてきます。

「エッグフォワードのサービスは、価格だけ見れば、戦略だけを提言する戦略コンサルティング会社よりはリーズナブルなのに、一般的な研修会社に比べたら圧倒的に高い。でも、これをトータルでパートナーとして伴走してもらえるポジションは他にないよね」といった具合に、単発のサービスではなく、継続的に支援するようなビジネスモデルに転換していったことで、お客様にも非常に喜ばれ、かつ、収益的に成り立つ事業構造になったのです。

顧客の課題、提供価値、価格のバランスが保たれ、持続的に依頼する意味があるビジネスモデルが構築できてからは、同じような課題を抱えていて、そこに一定の予算を出せるクライアント企業にどんどん展開していくことができました（もちろん、その後の継続的な進化は不可決ですが）。

繰り返しになりますが、価格設定はビジネスモデルや競合との比較、コストなど複数の要因で決まってくる。これを忘れないようにしてください。

「あったらいいな」と「お金を払ってまで使いたい」は天と地の差がある

話は戻りますが、**ユーザーに試してもらいながらサービスやプロダクトを開発する際にも、さまざまな落とし穴があります。**

多くのスタートアップがだまされがちなのが「あったらいいな」です（だまされると言っても、詐欺にあうという意味ではありません、念のため）。

たとえば、創業初期に、「こういうプロダクトがあったらいいと思いますか？」と周囲の人に聞くと、多くの人が「あっ、それいいですね」「あったらいいよね」と言います。しかもほとんどの人が言うのです。

そのリアクションから手応えを感じるのですが、じつはこれが大きな落とし穴。

知り合いの起業家が想いを持って何かの課題を解決するプロダクトを持ってきたとき、いきなりダメ出しをする人はあまりいません。たいがいの人が言うのは社交辞令です。「あったらいいよね」と言うのですが、その意味は「ないよりはあったほうがいいかな」程度のことが極めて多いのですね。

しかし、「あったらいいな」と「お金を払ってまで使いたい」の間には、天と地の差、断崖絶壁があるのです。

だから、**「あったらいいな」を真に受けて、そのままプロダクトを出してしまうと、まったく売れない**……ということが起こってしまうのです。*

＊そもそも、どんなプロダクトも市場調査をするものですが、そのなかから爆発的に伸びるサービスは数％も出てきません。不発に終わることが多いのはプロダクト開発の宿命といえ、ここは腹をくくって磨き続けるしかないのです。

顧客はスイッチングコストをかけてまで変えたくない

もちろん、「本当にあったらいいね」と思ってくれる人もいるのですが、実際に新しいプロダクトに切り替えるとなると、「構造的に難しい」という側面もあります。

BtoBだと、すでに他の競合サービスを使っているはずなので、新しいサービスにスイッチしてもらう必要があります。切り替えにおいて生じる時間や費用を「スイッチングコスト」と言います。

しかし、スイッチングコストをかけてまで変えるべきか、となると、「現状維持で行こう」という判断になりがちです。

人事や経理のシステムのような全社的に影響が出るサービスはもちろん、影響が少ないサービスでも、なかなか変えようとはなりません。それだけスイッチングコストというものは影響が大きいものです。

担当者が良いと思っても、上司がダメと言ったらダメ。起業家やサービスをつくる側は忘れがちですが、企業にはこのような意思決定構造が存在します。

わざわざ稟議書を書き、上司を説得しなければならないし、現場にも説明が必要です。さらにその上には必ず意思決定者がいて、決裁を得るための会議もあります。これらすべての山を越えてようやく購入の意思決定が下されます。

どんなにクリティカルな課題を解決してくれる、高価値のサービスがあったとしても、その導入に至る意思決定の構造を押さえないと、決して購入してもらえないのです。*

決裁までの時間がかかるほど、導入したいと意気込んでいた担当者も「ごめん、やっぱり上司が否定的だった」「会社の方針が変わったからちょっと今は難しい」と次第に弱気なトーンに変わるケースもありがちです。

高単価なサービスやプロダクトになればなるほど、よりいっそう意思決定のハードルは上がっていきます。

また、相手が大企業の場合、看板や取引先として登録された口座がない会社とはそもそも取引しないケースもあるので、スタートアップにはだいぶ不利です。

エッグフォワードでも、初期のプロダクトに関して、多くの人が「いいね」と言ってく

＊さらに厄介なことに、一般的に意思決定の構造は誰も教えてくれません。観点くらいは教えてもらえても、「会議ではこういうことが議論されるから、稟議書ではこの部分をもっと強調したほうがいい」などと具体的なポイントまでは、まず明かされないでしょう。

れましたが、創業1年目にコストを払ってまで使ってくれるユーザーはほとんどいませんでした。担当者が「ぜひ使いたい！」と太鼓判を押してくれていても、蓋を開けてみれば「社内の稟議が通りませんでした」と言われたことは数知れません。

ただ、これは意思決定をする側の構造からすると至極当たり前のことなのです。相手方の意思決定構造を知らないなかで、自分たちの立場や価値を振りかざしても何の意味もありません。*

提供価値があいまいなまま営業やマーケターに頼らない

ちなみに、顧客の課題に対する提供価値があいまいなまま、つまり先述のPMF（顧客が満足する商品を最適な市場で提供できている）をしていないうちに、マーケティングや広告宣伝に頼って拡販に走るケースがありますが、これは止めたほうがいいです。

顧客の課題や提供価値があいまいなプロダクトでも、お金をかけて告知したり、関係性をベースにして営業をかけたりすれば受注できることもあります。しかし、**それは課題に**

マッチしていない解決策を「見せかけ」で売っているにすぎないのです。

そのような売り方をしても、拡販にお金をかけなくなれば問い合わせはなくなりますし、営業の関係性だけで売れていた「提供価値の薄いサービス」は遅かれ早かれ、解約や離反の嵐がやってきます。

まずは、顧客への提供価値が本当に支持されているのか、**その証拠として、受注率や顧客の生涯価値（LTV）は妥当な水準か、獲得コストに見合っているかを丁寧に検証することが必要です。**

マーケティングの専門用語では、ユニットエコノミクス（顧客一人当たりの収益性＝LTV〈顧客生涯価値〉÷CAC〈顧客獲得コスト〉）と言われますが、要するに、顧客獲得にかけるコストが、得られる利益と見合っているかを考えることです。

提供価値が顧客にちゃんと刺さっているか、継続して利用したい意向が一定数見られているかどうか。そこをあいまいにしてはいけません。

目先の売上に目がくらみ、社長が見切り発車で外部のマーケティング会社に多額の費用

＊BtoCのサービスの場合、家計の中から使えるお金は限られていますから、「あったらいいな」と思うものでも、「他の支出を切り詰めてまで使わない」と判断されることはよくあります。BtoBの場合は、やはり組織の中の意思決定者が何を基準に決め、何を変えようとしているのか、その構造をつかむことが特に大切です。

を投下してしまったがために、立ち行かなくなったスタートアップは数多く存在するという事実を知っておいてもらいたいです。

理想形までに10年近くかかることも

「新たなプロダクトをユーザーに試してもらう重要性はわかった。けれども、どれくらいそのサイクルを繰り返せば良いのか……」。そんな疑問を抱く読者も多いでしょう。

正直なところ、一概に「これくらい繰り返せば良い」とは言えません。

一般的には、3〜6カ月でいったん状況を判断したほうがいい、と言われますが、これもケースによります。プロダクトを少し改善すれば良いレベルなら数カ月程度のサイクルで済みますが、**事業全体を大きく変えるとなると、数年間にわたり何度もサイクルを回して、ようやく理想形にたどり着くこともあります。**

エッグフォワードの投資・支援先でコロナ禍の環境変化を活かして爆発的に伸びたスタートアップがあります。新しいサービスなのですが、この事業に至るまで創業時から7〜8

回は中身を変えており、最初に事業を始めてからじつに8年を費やしました。非常に苦しいなか、粘りに粘ってここまでたどり着いたわけです。

先述したように、コアなユーザーから貴重な意見をいただき、サービスを改善できればいいのですが、こういうユーザーがいつ現れるかは、まったくわかりません。

そうなのです。この「わからない」が曲者なのです。

「あと3回、商品の改善を頑張ったら当たる」というのがわかっていたら、誰でも頑張れるでしょう。しかし、それは誰にもわからないのです。

その結果、金《きん》の鉱脈を掘り当てるのと同じで、あと少し掘っていたら当たったかもしれないのに、資金がショートしたり、起業家の心が折れたりして、頓挫してしまうのです。

ユーザーの声を活かして改善するサイクルをあと一、二度回していたら、当たっていた、ということは現実にありえることとです。だから、ゴールが見えなくても諦めずに根気よく改善し続ける。

精神論を言うつもりは毛頭ないのですが、新規のプロダクト開発は、どこかの教科書に書いてある通りマネしているだけではうまくいきません。それであれば、あらゆる新規事業は成功することになります。

結局のところ、泥臭いことを粘り強くやることが絶対に必要なのです。大きく成長した企業の多くは、そういう先の見えないフェーズでも、「こういう課題を解決するんだ、いやそれまでやり続けるんだ」という信念を持って、粘り強く取り組み抜いた経験を必ず持っています。

手に取ってもらえるプロダクトとは、いろいろなリソースやコストの犠牲を払ってまで使いたいユーザーの存在があって初めて成り立つものです。その視点を強く持ちつつ、ミッション・ビジョンも大事にしながら、粘り強く改善し続ける。これはどの業界・業種でも共通する大原則なのではないでしょうか。

「マクロ環境」だけを意識しすぎない

「新たなプロダクトを考えるときには、マクロ環境を分析したほうがいいのでしょうか?」

起業して間もない社長やこれから起業を考えている人からよくそんな質問を受けます。

マクロ環境とは、政治や経済、人口統計、社会、技術などの世の中を取り巻く環境のこと。ちなみに、ミクロ環境とは、市場全体の動向や競合他社といった企業の周辺環境のことを指します。

たしかに「どの市場で戦うか」「これからどんなニーズや課題が来るか」といったことは、考えておいたほうが良いのは間違いありません。

どんなプロダクトも市場に投入するタイミングが大事であり、「スマホがここまで普及したからこそニーズが増えた」「3年前に出したのは早すぎた」というように、タイミング一つで大ブレイクすることも、思ったより立ち上がらないこともあります。そうした社会や顧客のニーズや課題感の流れ、技術動向などの大枠はつかんでおくに越したことはありません。

しかし、個人的には、マクロ環境に過剰反応しないほうがいいと思っています。

その理由として、マクロ環境だけを見てプロダクト開発をすると、先に論じた、顧客の課題も、提供できる価値もあいまいになりがちだからです。

たとえば、「社会全体で働き方改革が進んでいるから、残業を抑制するソリューションを提供しよう」「SDGsへの対応が必要だから、環境に配慮した事業戦略を立てよう」と聞くと、一見良さそうに思えませんか?

目指すべき方向は間違っていないのですが、結局のところ、「誰に向けて、具体的にどんな価値を提供するのか」を極限まで突き詰めていかないと、価値がふわっとしたままになります。そういうプロダクトはまず売れません。

プロダクト開発において重要なのは、マクロ環境は念頭に置きつつ、超ミクロなことにおかしいくらいにこだわることです。

そのためには、208ページでもお話しした通り、いかにコアなユーザーを見つけ出せるかにかかっています。

まずはN＝1の超ミクロからで良いので、「誰か」に具体的な価値を提供し、ポジションをとることを考えましょう。マクロな環境は必ずしもプロダクトに大きく影響してこないことに気づくはずです。*

市場の流れや世の中の大きなニーズは、もちろんざっくり見ておく必要はあるのですが、環境だけ見ていても、事業は伸びません。

マクロの流れは捉えつつ、ソリューションはシャープに。これが鉄則です。

＊マクロ環境やミクロ環境が影響してくるのは、もう少し会社が大きくなってから。起業してしばらくの間は、市場シェアの0・00000何パーセントみたいな世界にいるので、マクロ環境はほとんど影響してこないのです。

4 マーケットインでも売れないときは「方向性をズラせ」

うまくいかなければ、「ピボット」する

ユーザーに試してもらって改善するサイクルを繰り返したけれども、まったく売れない……。そんな事態に陥ることは高い確率でありえます。正直なところ、微修正を重ねるだけですぐに売れたら苦労はありません。その場合は、どうすれば良いでしょうか。

私は、**「ピボット」**をおすすめします。

もともとピボットは、バスケットボールで「軸足を残したまま、もう片方の足を動かして、体の向きを変える」ことを指す言葉です。

そこから転じて、ビジネスの場では、「事業を丸ごと変えるのではなく、今手がけている事業の方向性をズラす」ことを指します。

最初に考え出したプロダクトがうまくいかず、事業の方向性を変えたことで伸びた会社は、いくつもあります。

世の中で流行っているプロダクトを見ても、枚挙に暇《いとま》がありません。たとえばチームコミュニケーションツールのスラック（Slack）を創業したスチュワート・バターフィールドは、それ以前にゲームの開発をしていましたが、成功することができず、顧客接点からの課題を踏まえてSlackを始めました。

SNSから始めたGREEやmixiも、ユーザーの課題を見るなかで、ゲーム会社に転換しましたし、ソニーですら、ウォークマンなどから、顧客の課題に応えるべくデジタル機器やゲーム機に転換した後、信用を活かした保険ビジネスなどを展開しています。

とはいえ、これはうまくいった例にすぎません。逆の失敗例は星の数ほどあるわけです。

大企業が新規事業から手を引くときは、「撤退」という言葉をよく使います。何億円まで投資し続けるか、何年でどの程度成長するのが最低ラインか、といった「撤退基準」を決めています。

ただ、大企業の場合は複数の事業がありますからスパッと撤退できても、スタートアップの場合はそうはいきません。**一つの事業に賭ける〝一本足打法〟で始めていますから、撤**

退したら事業がなくなってしまいます。

イチから再スタートする手もありますが、それだとこれまで失敗することで蓄積した知見がムダになります。そこで、今手がけている事業から少しズラすピボットのほうが良いというわけです。

「顧客」「課題」「提供価値」のうち、一つだけを変える

では、具体的にどのようにピボットしていけば良いでしょうか。

前段の事業を考えるフェーズでは、大前提となる「顧客」、そしてプロダクトやサービスに不可欠な三つの要素「課題」「提供価値」「価格」を論じました。

価格はいったん置いておいて、ピボットのポイントは、顧客、課題、提供価値のうち一つだけを変えることです。

たとえば、**「顧客」だけをピボットするなら、課題やプロダクト（提供価値）は変えずに、**

別の顧客に提供する方法を検討します。人が採用できない課題に対するソリューションであれば、大企業向けから、中小企業向けのサービスにピボットする。技術を学びたくても学べない課題に対するソリューションであれば、顧客の世代やエリアを変えるといった具合です。

「課題」だけをピボットするなら、顧客や提供価値はそのままで、フォーカスする課題設定を変えてみます。

たとえば、中小企業が広告配信に課題があると言っても、課題の中身は多様です。「質が高いクリエイティブをつくれない」という課題もあれば、「質はある程度でよいから手間がかからないことを重視したい」、あるいは「費用対効果を可視化したい」など、さまざまな課題を設定できるはずです。

また、初心者にプログラミングの技術を教えるスクールなら、「プログラミング技術を向上させたい」ではなく、「一緒に続けられる仲間をつくりたい」という課題にスポットを当ててみるといった具合です。

「提供価値」だけをピボットするなら、思い切ってサービスを変えてみます。もうおわかりでしょうが、顧客と課題はそのままです。

たとえば、「30代前半のビジネスパーソン」で「ダイエットしたい」というニーズ（課題）を持っている人（顧客）に対して、運動プログラムを提供するのではなく、食事管理のサービスを提供する、あるいは、目標達成まで伴走して応援してくれるサービス。はたまた、ダイエットをしなくてもカバーできる服装のアドバイスを提供するサービスを検討するというイメージです。

ピボットは何回してもいい

いろいろアイデアを出しましたが、単に思いついたことを何でも変えようというのではありません。

まずは現状を分析します。

今のプロダクトは、どの顧客の、どの課題にリーチできている、あるいはできていないのか。何がウケていて、どういう人からは反応が良いのかを見ていきます。そのうえで、**確実に当てるためには、「顧客」「課題」「提供価値」のうちどの要素を変えれば良いのか、論理的に仮説を立てるのです。**

たとえば、「顧客」をヒアリングした結果、深刻な「課題」をつかめているのなら、「提供価値＝プロダクト」を変えたほうがいいわけですね。

一方、プロダクトが良いのに、課題意識が弱くて使ってくれる人がいないなら、「課題」や「顧客」を見直していく必要があります。

三つのどれかを変えたら、ユーザーに試してもらい、再検討します。

一つ変えるだけではまるケースもあれば、複数のピボットが重なるケースもあります。

あるスタートアップで、企業の「広報担当向け」に、「広告やブランディングのリソース不足」に対する「広報支援」サービスの事業が伸び悩んでいました。

そこで、「顧客」ターゲットを広報から人事に、「課題」を採用の応募者が少ないことにピボットしました。サービスパッケージつまり「提供価値」はほぼ変えず、商材の紹介から、組織内で働く人の紹介にフォーカスを当てたところ、採用に特化した広報・ブランディング向けサービスとして大ヒット。大手企業を続々と開拓し大きな成長を遂げました。

とはいえ、悩ましいのはそうやって事業をピボットしていると、周囲から「社長はやることがコロコロ変わって、ブレブレじゃないですか」と指摘されることです。

1回や2回のピボットならともかく、あまりに頻繁に行なえば、社員からの理解も得難いでしょう。

これに対し私は、社長自身が**「ミッションはブレていない」と考えているなら、何回ピボットしても構わない**と思います。むしろ、過去の自分のやり方や言動に引っ張られて、同じやり方で頑張り続けるほうがよっぽど非効率ですし、いつまで経ってもユーザーに刺さるプロダクトはつくれないでしょう。

なお、**ピボットには選択肢として「価格」を変えるオプションもあります。**

しかし、価格だけを調整したところで、顧客と課題と提供価値がそもそもマッチしていないとどうしようもないでしょう。まずは顧客、課題、提供価値を検証したのち、価格を検討するという順番がおすすめです。

打率より打席数。プライドを捨ててやり続ける

ピボットで大切なのは、野球で言うと、とにかく打席に入って打ちまくること。**一度や二度の失敗でめげることなく、「顧客」「課題」「提供価値」のいずれかを変えたプロダクト**

を、何度もユーザーに問い、仮説検証をすることです。

社長も人間です。

一生懸命つくりあげたプロダクトがユーザーに受け入れられない経験が重なると、「否定されるのが嫌」「カッコ悪い思いはもうしたくない」と頭を抱え込みたくなることもあります。うまくいかないことが続くと、支持してくれるユーザーや応援してくれる投資家の声には耳を傾ける一方で、否定的な意見を言うユーザーや投資家の声は無意識にシャットアウトするようになります。

使ってくれない理由を深掘りする作業は楽しくないので、どの社長もやりたがらないのですが、じつはこれこそ宝の山。**離れていったユーザーの悪いクチコミは良いクチコミよりも10倍以上広がりやすいとされ、企業としては悩ましいところですが、貴重なヒントがたくさん詰まっています。**

ピボットを成功させるには、ネガティブな意見を拾いながら仮説検証を行ない、再び打席に立つことです。失敗を恐れず、プライドを捨ててやり続ける力が求められます。

一方で、「ここだ！」と感じたら、思い切ってリソースをつぎ込むことも、ビジネスにおいて時には必要です。

スタートアップはヒト・モノ・カネのリソースが少ないので、アクセルを踏もうとすると「そんなことをしたらリスクが高すぎる」と否定する人が必ず出てきます。しかし、正直なところ、「突っ込むべきタイミング」に正解も不正解もありません。

リスクヘッジしているだけでは、突き抜けることは難しいのです。

コアなユーザーがつくかどうか、その層が広げられるかどうかにフォーカスして、人・モノ・カネのリソースを一気に寄せる。これにも、社長の胆力が試されるところでしょう。*

＊最初のプロダクトが成功したとしても、ピボットは事業をしていくプロセスで常に必要なことです。細かい修正や変更も含めたサイクルを回していかないと、事業は絶対に伸び悩みます。ビジネスが順調なときも、「このままの状態は続かない」と考え、先を見据えてピボットを検討しましょう。

5 ビジネスで必ず直面する「パクリ」「パクられ」問題

ビジネスの王道は「TTP」

もう一つ、プロダクトをつくっていくうえで重要なことがあります。

それは「TTP」。〝徹底的にパクる〟の略称です。

「パクる」という言葉にはネガティブなイメージを持つかもしれませんが、うまくいっているビジネスやサービス、製品の要素や構造を参照するという、いまやビジネスの王道の考え方です。*

ゼロからイチを生み出すのは非常に難しいこと。新しい商品やサービスを山勘で撃ちまくるのは、はっきり言って非効率です。そこで、先人の知恵をうまく利用するわけです。

製造業が、他社の製品を分解して、構造やつくり方を研究するというアプローチは昔からありますが、製造業以外でも、まずは、「なぜこのサービスは流行っているのか」「なぜこのサービスを実現できたのか」と、「Why」を何度か繰り返しながら、うまくいっている構造を仮説でもいいから細かく分解していくのはとても有効でしょう。

そのうえで**「キーとなる構造をパクる」**のです。

たとえば、使い勝手が非常に良いと評判のあるITサービスが流行っているなら、なぜ、最初から使い勝手が良いのか、カスタマーサポートのあり方、デザインはどういう考えで行なわれているのか、カスタマーサポートの質をどう担保しているのかといったところまで踏み込んで分析したうえで「パクる」ことが必要です。

あるソフトウェア製品が流行っているからといって、見た目だけ似せても、本家にはまず勝てません。

＊米大手広告代理店トンプソン社の常任最高顧問だったジェームス・ヤングが名著『アイデアのつくり方』において「新しいアイデアは、既存のアイデアの新しい組み合わせにすぎない」と言ったように、ユニークネスのある商品と言われるものでも、その大半は、既存の何かの要素を違う形で組み合わせたり足したりして生み出されています。同じ業界だけでなく、違う業界にもヒントがたくさんあります。

個人のニーズに即したレコメンドができる点がウリだとすれば、そのデータ取得やレコメンドの「仕組み」をマネする。価値に差がなくても価格が低いなら、低い原価で生産・提供できる仕組みをマネするといったように構造をマネしないと、うまくいかないのです。

さらに言えば、「TTP」だけだと先行している企業に勝てませんから、**「TTPS」、〝徹底的にパクったうえで進化させる〟**ことが重要です。

常にユーザーが求めているものを意識しながら、自分たちがもともと持っている価値やアセットを活かして、自分たちの色を出していく。そうすれば、競合他社を上回る魅力を打ち出すことができます。*

社内のキーマンが転籍先で類似プロダクトを開発!?

これまでになかったような自社のプロダクトがうまくいき始めると、今度は逆のことが起こります。**それを模倣したような「パクリプロダクト」が必ず世に出てきます。**

先述したように、ビジネスにおいて「TTP（徹底的にパクる）」は大切なことですし、模倣を避けることはできません。

しかし、なかには倫理的に見て、ちょっとお行儀が悪いなと感じるパクり方をする企業も散見されます。

特に品がないのは、スタートアップが頑張ってつくったプロダクトを、大企業がパクるやり方です。「手口」はこんな感じです。

「御社のサービスは非常に興味深い。出資や協業の可能性も含めて、ちょっといろいろ聞かせてほしい」と大企業から声がかかってくる。小さなスタートアップからすると、大手からそういう話をもらえるのはありがたいから、嬉しくなって聞かれたことを何でも話してしまいます。

すると、数カ月後に、大企業の系列会社やその会社が投資している別の会社が、「これ、どう考えてもパクってるだろう⁉」みたいなサービスを出してきた……。大企業に限らず、同じ業界の企業が堂々と仕掛けてくることもあるので気が抜けません。

企業規模を問わずよく行なわれるのが、社内のキーマンが引き抜かれて、類似プロダク

＊新しいプロダクトを開発しているとき、その業界に詳しい人に話を聞くと、問題がクリアになることも。しかし、たくさんの人に聞くとわけがわからなくなってきます。先輩社長からビジネスアイデアをいただけることもありますが、鵜呑みにせず、きちんと取捨選択しましょう。そのためには、自分なりに仮説を持って聞くことが大切です。

トがつくられてしまうこと。転籍前の会社の情報をベースにつくったプロダクトであることは誰が見ても明らかなのに……。外資系企業が日本の技術者をお金で引っ張っていった、という話はよく聞きますが、似たようなことをスタートアップもされるわけです。

いずれのケースも、パクられた側からすると、いい気持ちはしないですよね。

「パクリ」にどう立ち向かうか？

とはいえ、パクリを完璧に防ぐ方法はありません。

「明らかに参考にしている」と思うサービスでも、指摘したところで、立ち上げた人たちから「自分たちのアイデアだ」「見方によっては近しいかもしれないが、これはもともと考えていたものだ」と反論されるだけです。

マネしてきた会社を訴えたとしても、特許の侵害やソースコードの盗用、といった明らかな問題がない限り、訴訟で勝つのは容易ではありません。仮に勝ったとしても、それで事業が伸びるかどうかは別問題です。

だから**パクられた側としては、「競合に模倣されるのは必然的に起こりうる」という前提**

に立って、さらに一歩進んだ価値の提供を検討するべきです。

パクってきた競合よりも顧客の課題に合う形で提供価値をさらに磨き上げたり、コストを下げたりすることにフォーカスするべきです。* 結局のところ、ビジネスはワンショットではなく、競争優位のドライバー（推進力）になりうる要素を見極めてそれに集中し、磨き続けていくしかないのです。

もっとも、パクられるのを恐れるあまり、出資や協業の話が来たときに、疑って断わるのはもったいないことです。**自社だけで戦うのではなく、協業や連携をしたほうが、ビジネスとして飛躍的にうまくいくケースは数多くあります。**

そうした話が来たときは、本当に信用できる相手なのか、できるかぎり情報を集めておきたいところ。相手の本気度やコミット度合いを確認し、信頼できるビジネスパートナーかを見極めていきましょう。

ちなみに、過去に他社連携などで不義理をしている会社は、ネット情報に限らず、悪評が回っていることもあります。逆に言えば、自社も不義理をすれば悪評が予想以上に広が

＊もちろん、やれる限りの対抗手段は講じておいて損はないでしょう。一つは、社内の情報漏洩対策を強化すること。また、特許は有効ですが、取りすぎないことも重要です。特許を取れば、権利は守られますが、それで技術の中身がわかってしまい、うまく活用されるリスクもあります。

る、という点は覚えておいたほうが良いでしょう。

事業を世に出すという宿命

ここまでお読みになって、顧客に支持される事業を構築することが並大抵ではないと理解いただけたかと思います。

一方で、**事業をつくり発展させ、顧客に価値を提供し続けるというのは、他では成しえない素晴らしい営みであるという点は強調しておきたいところです。**

世の中には、数多《あまた》の企業やサービスがあります。そのなかで、意思を持って送り出した自社のプロダクトやサービスが、ユーザーの抱える課題を解決する。その成果として、お客様から対価をお支払いいただき喜ばれる。さらにその結果として社会に良い影響を広げていける。その事業の成長があることで、お金が回り、人も集まってくるわけです。

もちろん、目指す事業が一朝一夕《いっちょういっせき》でできるはずもありませんし、今順調だったとしても事業を常に進化させ続けなければ、未来の保証は何もありません。

その分、社長は常に生みの苦しみと、進化の苦しみに向き合い続けるわけですが、それは何も社長一人で行なうわけではありません。組織の中にこうした構造をつくり出し、一丸となって事業を成長させ続けることは、組織の最終責任者である社長の宿命であり、不可欠な営みでもあり、素晴らしい喜びでもあるのです。

第4章 社長の心得

- ユーザーに試してもらいながら事業（プロダクトやサービス）をつくっていく手法は大企業でも、スタートアップでも欠かせない。その際、課題（ニーズやペイン）、提供価値（競合との違い）、価格（ビジネスモデル）の三つを満たすプロダクトやサービスを目指す。
- 「課題」を見つけるにはペルソナを細かく設定して検証していくのが基本だが、スタートアップや中小企業の場合は、「熱狂的なユーザー」を見つけ出すのがより効果的。
- 「他に負けない圧倒的な価値は何か」という軸に沿ってビジネスモデルをまず決めてから、お客様に納得してもらえる価格を設定していく。この順番が逆にならないように注意する。

- お客様の意思決定構造や外部要因によってまったく売れないこともあるし、意外な形で当たることもある。プロダクト開発に近道はなく、粘り強く改善を重ねていくしかない。
- それでもうまくいかなかったら、顧客・提供価値・課題のいずれかをピボットして、事業を再検討する。
- プロダクトは表面をパクるのではなく、その構造を捉え、自社の強みを活かして磨き上げる。
- 事業とは、常に進化させ続ける宿命があるものだということを社長は誰よりも強く認識する。

Column
session 4

ビジョンから始めよ——起業家が最初にしなければならないこと

伸び悩むスタートアップの特徴

さて、ここまで「カネ」「ヒト」「モノ」と社長業にまつわる悩みを述べてきたなかで、非常に大事な言葉が何度か出てきました。**「ミッション」「ビジョン」**です。

会社を起業するにあたって、「どんなビジネスを始めるか」から考える人が多いのではないかと思います。

もちろん事業内容はとても大切です。しかし、私が多くの社長、企業を見てきたなかで、それより先にすべきだと感じることが、「ミッション」や「ビジョン」を決めることです。

ミッションとは、「何のために自分たちの会社が存在しているのか」という使命や存在意義のこと。

ビジョンとは、「将来、自分たちの会社がどのような姿になることを目指すのか」という実現したい将来像のことです。

最近はミッションやビジョンと似た意味で「パーパス」という言葉もよく使われますが、ラベリングの話はあまり本質的とは言えません。

要は、「この会社は何のためにあるのか」「創業者はなぜ起業したのか」を最初にはっきりさせたほうが良いということです。

「ミッションやビジョンなんてあくまで理想であり、そんなに必要なのか。それより儲かるビジネスを考えることが先ではないか」。そう言う人もいるかもしれません。

実際、ミッションやビジョンは後回しにして、あくまでビジネスの観点から見て、起業のネタを探そうとする起業家は少なからずいます。「今はこのようなニーズが高まっているから、それに応えるビジネスを始めれば儲かるはず」というわけですね。

たしかに、世の中のニーズに応えるビジネスを始めれば、一時的にはうまくいくこともあります。しかし、**ミッションやビジョンを真剣に考えることなく稼ぎだけを追い求めているスタートアップは一定の成長を遂げると伸び悩む**、というのが、数々のスタートアップを見てきた私の実感です。

伸び悩む理由はだいたい共通しています。

まず、明確な**ミッションやビジョンがないために、何を意思決定するにしても拠り所がないということ。**

事業計画も資金計画も採用計画も、企業の存在意義や実現したい将来像なしには決められません。決められたとしても、なんとなく決めることになるので、経営に一貫性がなくなってしまいます。

また、当然ながら、適当なミッションやビジョンしかない組織に、人は共感しづらいですし、ついていきたいと思いません。入社してもすぐに離反していくでしょう。

世の中には就職先の選択肢が無限にあります。そのなかで、あえて不安定なスタートアップや中小企業に入ろうとするのは、その会社が本気で「こういうことを実現していきたい」というミッションやビジョンを持っていて、それに共感しているからです。そうした人材を獲得するためにも、ミッションやビジョンが必要不可欠だと私は感じています。

顧客もそうです。もちろん、ミッションにお金を払うわけではないですが、会社の思想に共感いただけると、そのお客様は会社にとって大事なファンになります。

起業家の「原体験」がベースになる

ミッションやビジョンの決め方は会社によってさまざまですが、これだけは外してはいけない、というポイントがあります。

それは、**ミッションやビジョンが、社長の想いや「原体験」と密接につながっていることです。**

一般にミッションやビジョンは、社員に対する求心力を高めるために制定したほうがよい、あるいは顧客や社会からの共感を得るためにあったほうがよいと言われます。

もちろん、それも事実ではあるのですが、私はむしろ、誰もゴールを与えてくれない社長にこそ必要だと断言します。

どんな旅も、競争も、何のために、どこに向かっているかがわからないと、修羅場を日々くぐって歩み続けるモチベーションが続きません。

社長に限った話ではないですが、誰からもゴールが与えられないトップこそ、「なぜ会社を創ったのか」「どんな未来を実現したいと思っているのか」という自身の強い想いをミッションやビジョンとして明文化することで踏ん張れる。逆境時の「拠り所」になるのです。*

さらに、第1章で書いたようにベンチャーキャピタルや投資家は、創業からの年数が浅いスタートアップを投資に値するかどうか見極めるにあたり、事業モデルよりも「社長」を見ます。

事業の筋が良いに越したことはありませんが、それは変えられるし、環境変化に応じてそのつど戦略的に正しい方向に変えていけばいい。それよりも、舵を取る社長が本気でそれを目指しているか。しんどいときに逃げないか。そちらのほうが成功の確率を大きく左右すると考えているのです。

実際、**社会的な意義を提供できる規模に成長したスタートアップの多くは、「ミッションやビジョンに対する社長の想いが本気である」「世の中のニーズや課題に合ったビジネスを手がけている」、この二つの条件が揃っています。**

＊「なぜ自分はわざわざこういうことをやろうと思ったのか」とか、「しんどくても続けてやりたい理由は何なのか」という根幹の部分を創業者自身が忘れてしまうと、事業は瞬間風速でうまくいくことはあっても、どこかで止まって崩壊してしまいます。迷ったとき、つらいときに必ずそこに立ち戻る「拠り所」が必要なのです。

ニーズや競合の動向などにより、事業内容や戦略は変わり続けないといけませんし、過去の成功モデルを自ら変えないといけないケースもありますが、「社長のビジョンや想いがあるビジネス」という点は一貫しているはずです。

だからこそ、投資家はミッションやビジョンに、起業家の想いや原体験があるかどうかをチェックしているわけです。

もちろん、ミッションやビジョンは、投資家やお客様にウケの良いキャッチーなものにしても良いのですが、相手もうわべだけの言葉にだまされるほど節穴ではありません。根本に起業家の想いがないと、簡単に見破られてしまいます。

これらのことを踏まえると、**ミッションやビジョンを考えるときには、起業家が「そもそもなぜ起業したいと思ったのか」、そう考えるに至った原体験を改めて振り返ることが大切です。**

どんなスタートアップでも、社長は誰かに言われて仕方なく起業したわけではありません。大変なことが多々あろうことは想定されたにもかかわらず、大切なものをかなぐり捨ててゼロから起業しています。

そこには**必ずストーリーがあります。**

「上場させて儲けることがすごく好き」という人もいますが、ほとんどの人は何かしら自分の原体験にひもづいた課題感や「社会課題のこういう悩みを解決したい」という気持ちが少なからずあるはずです。

あるかないかと言うよりも、「ある」という前提に立って、自身の体験を一度掘り下げてみるとよいでしょう。自身の体験をとことん掘り下げてみるのです。

あなたがもし起業や、事業の立ち上げを考えているなら、その原点に当たるエピソードを語ってみてください。それを誰かに語ったり、頭に描いたりしていくと想いが強固になります。

エッグフォワードをなぜ立ち上げたのか？

ここで私自身の話をすると、エッグフォワードを創業した想いは創業前、いや、学生時代から変わっていません。

社名の「エッグ」には二つの意味が込められています。一つは「いまだない価値」、もう一つは「人が本来持つ可能性」です。

それをフォワード（前進）させたい。つまり「いまだない価値を創り出し、人が本来持つ可能性を最大化させることで、社会を前向きに変えていきたい」。そんなミッションやビジョンを掲げています。

この「人が本来持つ可能性を最大化させて、社会が前向きに変わっていくように」の背景にあるのは、**幼少時の原体験**です。

私は幼少期、近しい身内が、唐突に亡くなる経験をしてきました。ついこの間まで普通に、「こんなことを実現したい」と言っていた人がある日突然この世を去るのです。「人生は有限なんだ」。そんな感覚を子どもながらに、強く持っていました。

その後も、さまざまな土地を転々として、海外で未知の体験をたくさんしました。

私の印象に強烈に残っているのは、ケニアの山奥のマハンガ村です。アジア人でその村に入ったのは私が初めてでした。徒歩3時間以上かけて、学校に行ける人はそのエリアでも一握り。生活も非常に貧しく、教育や就業の機会はほとんどの人にはありませんでした。学校に行けない大多数の人たちは、読み書きもままならず、成功のチャンスをつかみたくても、構造的にその環境から抜け出すことが難しいのです。私は衝撃を受けました。機会が得られない人がここまでたくさんいるのだと。

かたや日本のような先進社会はすごく恵まれているのに、私たちは人の可能性も、社会の可能性も十分に活かせていない。そういう社会構造を変えなければならない、と強く思いました。

私はその使命感を捨て去ることができず、「人の可能性が最大化されない社会構造を自分が変えたい」「そういう構造を変えることに自分の人生を賭けてチャレンジしたい」と考えて、起業しました。

これまでにも少しだけ述べましたが、私も起業した後は、スタートアップらしく、さまざまな荒波にさらされてきました。しかし、こうした原体験をもとにした強い想いがあったからこそ耐えられた、と今振り返って思います。

人に自慢できる「原体験」なんて要らない

原体験の話をこれから起業しようとする人に話すと、「私には人に言えるような原体験なんてない。むしろ、それがコンプレックスだ」という人が少なからずいます。

しかし、**原体験とは「人に言えるようなすごい体験」という意味ではありません。**

先述した通り、あるかないかではなく、ひたすら内省して掘り下げていくと浮かび上がってくるものなのです。

過去の出来事でいえば、東日本大震災の後や、新型コロナウイルスの感染拡大が起きた後に、「やっぱり自分の人生を振り返ってみるとこういうことが大事だな」とキャリアや意思決定を変えた人が非常に増えましたが、それは、そのとき初めて新しい経験をしたからではなく、改めて自身の人生に向き合ったからです。

何も、強烈な経験でなくても構わないと思います。あくまで自分の人生を通して印象深い経験であればいいのです。

幼少期の家庭環境に起因する出来事や困難、学生時代の喜びや葛藤、社会人初期のやりがいやコンプレックス……。生を受けてから、今に至るまでの年月を生きていれば、誰しもいろんな経験をしているはずです。

そのなかで「これまでの人生を紐解いて考えると、あれがきっかけだったな」「あのときにこういうことの大切さに気づいたな」など、何を感じ、何を思ったのかを振り返ってみるのです。

起業をしろと言いたいのではありません。ただ、起業が、人生のなかで一つの大きな経験になるのは間違いありません。

もし社長になるのであれば、自分の原体験と素直に向き合って、心に突き刺さったことを大切にする。社長にならない人でも、これは自分が所属する組織を選ぶうえでの拠り所にもなるはずです。

社長とメンバーの間で必ず生まれるギャップ

社長の原体験からミッションやビジョンをつくると、構造的に必ず生まれることがあります。それは、「従業員との想いのギャップ」です。

当然ながら社内のメンバーは社長と同じ原体験を持っていません。方向性はなんとなく共感するとしても、ミッションやビジョンに対する想いの強度にギャップが生じるのは当然のことでしょう。

違う人生を歩んできた人たちが同じミッションやビジョンを共有し、同じゴールを本気で目指していく、そのための努力が社長には求められます。

ゼネラル・エレクトリック（GE）元CEOのジャック・ウェルチは、「社長自身が吐きそうになるくらい、同じ思想を、意志を持って繰り返せ」と言ったそうです。

他者に対して、自身のビジョンの意義やその先の未来をいかに伝え、共感してもらえるか。社員に限らず、設定したミッションやビジョンに本気で共感してくれる仲間を集めてくる。こうしたことを愚直に行なっていく必要があります。

ここにもまた別の落とし穴があります。

社会的に素晴らしいミッションやビジョンを掲げると、それに共感し、スタッフや外部の協力者のような仲間や投資家が集まってきます。普通に考えれば、極めて喜ばしいことです。しかし、その段階になってから悩み始める社長は少なくありません。

「このミッションとビジョンについて、自分は本当に心からそう思っているんだろうか?」

そう、心のどこかに疑問を持ち始めるのです。

関係するステークホルダーや社内のスタッフに毎日のようにミッションやビジョンの説明をするうちに、話すこと自体に慣れていきます。「しかし……本当にこれ、やりたかったのだろうか?」「これって、本音だろうか」とふとした瞬間に我に返るのです。

自身の原体験のもとに掲げたミッションやビジョンを伝えていたとしても、しんどい局面に立たされると、自分に嘘をついているような感覚になってしまいます。

会社組織で働く皆さんであれば、入社動機を毎日問われ続ける、でも、本当にそうだったのか、今でもそうなのか、そんなことを考える感覚に近いと思います。

こうしたことを防ぐには、まず、ありのままの自分と向き合うことです。創業時にミッションやビジョンを十分に考える際に、「こういう世界をつくる」「世の中のこういう課題を解決する」といったそれっぽいお題目を並べるのではなく、本当に自分が大事にしている信念を描くのです。

もう一つは、**変える勇気を持つことです。**

新卒社員でも、「自己分析をしてやりたいことを考えて入社したけど、やっぱり違っていた」というようなことがありますが、社長と新卒社員では背負っているものが大きく異なります。自分の会社で働いてくれている社員や出資してくれた投資家への責任感から、「やっぱり違いました」とは簡単には言えません。自分が走らせた船とはいえ、全速力で走り出してしまったら、自ら止めることは困難です。

すると、自分の本心ではなくなってしまったミッションやビジョンをあたかも本音であるかのように、「これは自分の本心なんだ」と言い聞かせようとするのです。それで心の底から納得するはずがなく、社長は苦しみ続けるわけです。

ミッションやビジョンに関して違和感を覚えたら、ステークホルダーのことはもちろん考えますが、アップデートしても良い。私はそう思います。

180度変わるということは少ないと思いますが、修正や力点が変わることはありえます。むしろ、自分に嘘をついているような感覚を持つと、社員や投資家に対しても魂のこもったことが言えなくなり、結局のところ、それが伝わってしまいます。

実際に、大きい会社を見ても、ミッションやビジョンの表現を変えている会社はたくさんあります。

全社員に向かって「やっぱりビジョンを変えたい」と急に言い出すのではなく、まずは経営陣に「本気でコミットするにあたり、ここがちょっと引っかかっている」と話してみる。ひょっとしたら経営陣も「じつは私も……」と本音をこぼすかもしれません。

ミッションやビジョンを考え直すことは悪いことではありません。むしろ、社長は、今のミッションやビジョンで本当に良いのか、この会社はどこを目指しているのか、ということを定期的に見つめ直すべきでしょう。

トップが違和感を持たないミッションやビジョンを掲げている会社だけが、継続的に成長することができるのです。*

＊この仕事をしていると、「起業したいけれどもどうしたらいいですか」というＨｏｗの質問をよく受けます。そういう人は「そもそもなぜ起業したいのか」とＷｈｙを自分に問い直すことをおすすめします。それがなぜ必要なのかはここまで本書を読んでいただいた方ならおわかりになるはずです。

第5章

「事業の売却」から新たな経営がスタートする

——失敗しない「スタートアップの出口戦略」

1 社長から見たＩＰＯは「出口」ではない

ＩＰＯやＭ＆Ａによってリターンを目指す

第1章では資金調達手段について詳しく論じましたが、ベンチャーキャピタルなどから出資（エクイティ）を受けて、スタートアップを経営していると、意識せざるをえないのが、**「イグジット（出口）」**です。

人が定着し、事業も軌道に乗ってきて資金も目処が立ちそうだ。それくらいのタイミングで「どうする、イグジットしちゃう？」なんて会話が社内で繰り広げられたりします。

イグジットとは、要は「会社の『出口』をどうするか」ということ。大別すると、イグジットは二つの種類があります。

一つ目は**ＩＰＯ**（Initial Public Offering、新規公開株）です。自社の株式をパブリックな証券取引所に上場することで、誰でも株式を売買できるようにすることです。

二つ目は**M&A**（Mergers and Acquisitions）です。Mergersとは「合併」、Acquisitionsは「買収」を意味します。合併は複数の企業を統合して一つの新しい会社にすること、買収は会社を丸ごと買い取ることですね。丸ごとではなく、一部の事業だけ譲渡する事業譲渡などもあります。*

じつは99％以上の会社は、ＩＰＯもＭ＆Ａもしません。**残り1％以下が上場するとして、その中でスタートアップが占める割合はほんの一握り。**

それだけ少数ではありますが、エクイティによって資金調達をしたスタートアップは、ＩＰＯあるいはＭ＆Ａを目指す必要があります。なぜなら、ＩＰＯやＭ＆Ａをしないと、投資家がリターンを得られないからです。

投資家目線で見ると、投資している企業の「出口」は大きな関心事です。まだ企業が成長するかわからないときにリスクをとって投資をして、株式を保有するわけですが、それだけでは何の利益も出ません。

エンジェル投資家のなかには、「リターンは何年かかってもいいよ」というスタンスの人

＊他にも、経営陣が会社の株式を買い取るＭＢＯ（マネジメント・バイアウト）などもあります。やや専門的な手段になってくるので、一般的にはＩＰＯとＭ＆Ａの二つがイグジットの形と考えておけば良いでしょう。

もいますが、ベンチャーキャピタルやファンドは、金融機関や事業会社、機関投資家などから集めたお金で出資・投資をしているので、そうしたプレイヤーたちにできるだけ早くリターンを返さなければなりません。

出資をした投資家などがリターンを得るためには、出資先の企業価値が上がってから株を売却すればいい。

そこで必要になるのが、IPOです。

IPOをすれば、株を自由に売却できるようになるだけでなく、将来を見据えた企業価値がつくので、出資したときよりも高い値段で売却できることが多い。だから、投資家はスタートアップに対してIPOを求めるのです。

また、M&Aであっても、出資したときの値段よりも高い値段で株式を買い取ってもらえれば、収益が出る形で利益を確定できます。最初からM&Aを目指してほしいという投資家は日本では少ないですが、結果的にはM&Aでも良いわけです。

一方デットによる資金調達、たとえば金融機関からの借り入れの場合は、利子をつけて返せば良いので、銀行から「上場してほしい」とは言われません。これがエクイティとデットの大きな違いといえます。*

社長は会社を投げ出せない

冒頭でイグジットの種類と意義について述べましたが、これらは投資家目線で見たときの話。社長目線で見ると、少し話が変わります。

まず、**IPOは社長にとって「出口」ではありません。上場した後も当然ながら経営は続いていきますから、あくまで「新しいスタート」です。**上場した瞬間、すべてを投げ出して辞める、ということは基本的にはできません。

厳密に言うと、上場後に保有している株式を売ることができますが、売れる株は少しだけです。株をたくさん売ると持ち株比率が変わるため、株式市場から「この社長にとって上場がゴールで、経営する気がないな」と判断され、株価（企業価値）が下がってしまうのです。

そもそも、上場前にベンチャーキャピタルなどから出資を受けているはずで、社長の持ち株比率は高くないケースもあります。よく「上場したらめちゃ金持ちでしょ」と言う人

＊イグジットの話は、すごく大事な意思決定のわりに、どう考えるべきかという点はあまり話題にされません。本章で疑似体験してみてください。

がいますが、必ずしもそうでもなかったりします。*

一方、M&Aはどうかというと、これは社長にとって出口になりうるケースがあります。会社や事業を手放すのと引き換えに、社長はリターンを得られるからです。

ただし多くの場合、自分の会社や事業をどこかの会社に売却するタイミングで経営から手を引けず、「2年間は引き続き経営に専念してください(=ロックアップ)」といった条項が付きます。ロックアップの期間が終わったら晴れて自由の身となりますが、それまでは本当の意味でのイグジットとは言えないのです。

情報開示からコンプライアンスまで、一筋縄ではいかぬ上場準備

IPOを目指すといっても、誰でも簡単にできるわけではなく、**各証券取引所で設けられた上場基準を満たさなければ上場できません。**

たとえば、東京証券取引所のグロース市場では、上場時に見込まれる「株主数が150人以上」「流通株式時価総額が5億円以上」といった要件があります（本書執筆時点）。かみくだいて言うなら、一定以上の事業規模になり、その後も成長が見込まれる事業かどうかが問われます。「継続的に事業成長できるだけの実力」が必要になるということです。新商品を一発当てて今年は大幅に売上を伸ばしたけれども、来年以降はどれだけ売上が立つかわからない、という状況では上場できません。

事業規模は会社のフェーズによっても変わりますし、業態や成長性にもよりますが、年商で少なくとも数十億円はないと上場は難しいでしょう。

また、東証グロース市場の上場審査では次の項目がチェックされます。

- 企業内容、リスク情報等の開示の適切性
- 企業経営の健全性
- 企業のコーポレート・ガバナンス及び内部管理体制の有効性
- 事業計画の合理性

＊上場すると注目度が上がるので、社長が週刊誌に狙われることもあります。皆、誰も知らない会社の社長の飲み会には興味がありませんが、有名な会社の社長がちょっとお行儀の悪いことをすると猛烈に叩かれるものです。

・その他公益又は投資者保護の観点から東証が必要と認める事項

どういうことかというと、まず上場すると、パブリックに株式が売買できるようになるので、世界中の投資家が投資できるようになります。そのため、情報が正しく適時適切に公開され、それを守れる体制であることが必要です。

これに加えて、社内の数字がちゃんと適切に管理され、正しい数字が出る構造になっていて、監査法人のお墨付きが出ているか。労働時間の超過や未払い残業代、パワハラ・セクハラなどのコンプライアンス違反がないかなども、審査されます。

「事業計画の合理性」については、将来の計画がヤマ勘でつくったものだと投資家は判断しづらいので、上場企業は一定以上の精度の事業計画をタイムリーに開示することが義務付けられています。今は以前よりも開示の頻度が上がっていて、四半期に1回開示することが義務付けられています。

そのため、「事業計画が不明です」「今年の売上も来年の売上も読めません」というのでは上場できません。**事業計画に関しては上場前に「予実」、つまり予算と実績に乖離《かいり》がないかもチェックされ、少しでもズレているとマイナス評価となります。**＊

このように、情報開示やコンプライアンスが求められるので、上場準備に入ると、管理工数は格段に増えます。非上場企業の頃は事業計画も労働時間も経理も多少どんぶり勘定でもやっていけたかもしれませんが、そうはいかなくなります。経営企画や人事、経理などのコーポレート部門にかかる負担は大きく増します。

資金調達しやすくなり、信頼度も上がる

ＩＰＯに至るまでには苦労もありますが、ＩＰＯにはそれだけのメリットがあります。

まずは、先述したように、**上場によって株式が売買できるようになれば、一緒に汗水垂らして頑張ってくれた投資家の方々に、経済的なリターンを返せることです。**

ストックオプションを付与していた人にも、ようやく報いることができます。

ストックオプションは今の時価ではなくて非常に安い価格で株式を取得できる権利で、売

＊情報や数字をまとめる側は大変です。四半期単位になるので、ある意味一年中、事業計画の把握に追われるようになります。

却するると差分のリターンが得られますが、上場しないと売ることができないので紙クズみたいなものです。

それに加えて、上場すると企業価値が公に認められることもメリットの一つです。自社の株式価値をベースに株式交換も可能となり、M&Aなど攻めの手段も広がります。

さらに、晴れて上場企業となれば、社会的信用も大きくなり、金融機関などから資金調達がしやすくなります。

世間からの信頼も高まるので、顧客からの評価も上がり、一般的には、採用力も上がります。「そんな無名な会社やめておきなさい」と親から反対されることも減るわけです（笑）。

持続的な成長を迫られるプレッシャー

注意すべき点もあります。**ＩＰＯをすることで、世界中から会社や株価の動向を常に監視される立場になり、経営の難易度や責任は大きくはね上がります。**

同時に、株を保有し経営に対して意見できる、つまり議決権を持つ株主からの追及に説明する責任が生じます。これは非上場のときには味わえない、なかなかのプレッシャーです。

上場企業に求められるのは、「ゴーイングコンサーン」、持続的に成長し続けることです。

現状維持はもちろん、ちょっとやそっと成長したぐらいでは、資本市場は評価してくれません。持続的に成長させられなければ、株価は基本的には下がってしまいます。

株価は、現在の企業価値だけでなく、将来的にどれだけの企業価値になっていくかという予測を加味しているので、下がっても仕方がありません。

しかし、株価が下がれば株主総会では大炎上です。それまで順調だった企業も、為替やインフレ、燃料高や原料高など外的要因により業績が下がり、株価まで下がれば、手のひらを返したように株主から厳しく批判されます。*

これまでなら数名の株主や投資家に説明すれば良かったのが、上場後は株主が何百人、何千人とふくれあがります。

株主総会だけでなく、ネットでもボロカスに叩かれます。株価がちょっと下がっただけで、ポータルサイトの株式の掲示板は、文字通り罵詈雑言《ばりぞうごん》の嵐。社長も、上場直後は

＊業績が悪ければ、社長は解任されることもありえます。プレッシャーはこれまでの比ではありませんし、社長をしている以上、このプレッシャーとは永遠に向き合わなければいけません。

気になって掲示板を見るのですが、だんだん心が折れて見なくなります。見れば見るほど病んでいくのがわかっているからです。

株主から高収益を求めるプレッシャーがかかると、短期的には収益性の低い事業にチャレンジしにくくなります。これも、上場後の経営を難しくさせる要因の一つです。

将来的な事業投資により一時的に利益を減らすといった判断さえも、それが必ずしも株主から評価されるとは限りません。つまり、自由が利かなくなるのです。

なかには、ＭＢＯ（マネジメント・バイアウト）といって、経営陣が既存の株主から自社の株式を買い取り、非上場化に転じる企業もありますが、その背景には、株主から短期的な利益を求められ、中長期の成長を阻害されるジレンマが垣間見られます。

そういった企業は、株を高値で買い取ってでも非上場になることを選び、長期的な成長を目指すのです。

上場後に株を売って辞める社員たち

社員に報いたくて頑張ってきたにもかかわらず、上場して間もなく、社員がごっそり辞めるケースもあります。上場するとストックオプションの権利が行使できるので、社員たちが株を売って辞めてしまうのです。

ストックオプションを目当てにしていた社員は、今勤めている会社のストックオプションの権利が行使できるようになると、また別の会社で権利を得たいと考えます。**ストックオプションは会社を辞めてしまうと行使できなくなることが多いので、手元にある権利を退職前に行使してから、他の会社に転職するのです。**

そうした事態を防ぐために、ストックオプションを一気に行使できないルールを設ける会社も増えてきましたが、少し前までは上場後に社員がごっそり辞めてしまうケースが多発していました。

前述したように、上場すると、事業計画も経理もコンプライアンスも厳しく見られるようになります。さらに気を引き締めてやらなければいけないときに、今まで働いていた人がいなくなってしまうのは大きな痛手です。

辞めていく人たちは「ストックオプションを行使したので辞めます」と正直には言いません。

「また、新しい環境で再チャレンジしたい」、そんな言葉を聞き、〝うちだって、ここからが新しいチャレンジなのに〞と心の中で思いながらも、社長としては、これまでの感謝と、去っていくことへの寂しさが入り混じる、何とも言えない気持ちになることもあります。

創業者は上場したらハッピーか？

先述の通り、上場を選択するということは、永遠に成長し続ける道を選択したということです。

ベンチャーキャピタルから投資を受けた時点でそこまで明確にイメージしている社長は少ないですが、事業責任や資本市場への説明責任、組織への責任は重くのしかかるようになります。会社の統治の仕組みを整えるのはもちろん、監査役や社外取締役などさまざまな人の目が注がれることになるのも、大きなプレッシャーです。

すると、自分がビジョンやミッションを大事にして会社を立ち上げたにもかかわらず、事業の成長や、守らなければならないこと、コンプライアンスなどに縛られるようになるので、「自分が立ち上げた会社なのにもう自分のものではない」という感覚に陥ります。人格が分離したような感覚がありながらも、これまで以上の責任があるという立場になるのです。

このような現実にさらされると、「責任は重くなったし、人は抜けてしまったし、自分は株を少ししか売れない。一体なんのために上場したんだろうか」となんとも言えない気持ちになることが多かれ少なかれ出てきます。今まで以上にいろんなことを本音で誰かに相談しづらくなるので、孤立感も深まります。

しかし創業者にとって、自分が立ち上げた会社を上場することは、人生を代表するメモリアルな出来事であることは確かです。

上場とは、世間のなかで大きなインパクトを起こせる会社になったということであり、世界中の投資家からの投資＝応援の対象になったということでもあります。

上場した企業はパブリックな存在になりますから、まさしく「社会の公器」です。

自分が手塩にかけて生み、育ててきた企業がそのような存在にまで育ったのは誇らしいことでしょう。信用力を活かしたさらなる成長オプションを取ることもできます。

また、上場すると、感謝の気持ちも芽生えます。上場は自分一人ではできず、たくさんの人の応援が形になる出来事だからです。支えてもらった方々には強く感謝するようになるでしょう。

お金を出してくれた投資家や一生懸命働いてくれた仲間たちに経済的に報いることがで

きるのも嬉しいことですし、社長自身もすべて売却できるわけではないですが、個人の資産を形成できるのは大きなメリットです。

社長のなかには、「上場して初めて、社会に向き合うスタートラインに立ったと言えるとおっしゃる方もいます。それくらい上場はインパクトの大きい出来事ではあります。もちろん、上場してからも経営は続いていきます。節目ではあるものの、通過点でしかありません。

このように、上場によって得られるものはさまざまです。上場するかどうかは、社長自身が何を大事にするかで決まると言えるでしょう。

2 M&Aはさまざまなドラマを生む

M&Aのパターン❶ 一部の事業を売却する

イグジットの手法としてIPOについて述べてきましたが、もう一つ挙げられるのは、「M&A」です。

M&Aには

- 二つ以上の会社を一つの会社に統合する（合併）
- 会社を、他の会社に丸ごと売る（買収）
- 一部の事業を切り出して譲渡する（事業譲渡）
- 売り手の全株式を、買い手の株式と交換し、親会社・子会社の関係になる（株式交換）

など、さまざまなスキームがあります。

規模感はさまざまで、会社が大きくなってから売却・統合するケースもあれば、個人事業主の延長ぐらいの時点で売るケースもあります。

一部の事業だけを売却するのと、会社を丸ごと売却するのとでは、かなり意味合いが違います。

まず、一部の事業だけを売却するのは「主力事業に注力するために、サブの事業を売りたい」というケースが多いです。リソース配分の点からいうと、リソースを広く薄く張っておくよりは、サブ的な事業は売って、そのお金を含めて主力事業に投資したほうが成長する、という判断です。

売られる事業の責任者には同情しますが、非上場だとしても、社長は事業を持続的に成長させる責任を背負っています。その責任を果たすことを考えるとそうせざるをえない、というわけですね。

成長事業に注力したいという前向きなケースもあれば、全体の収益が厳しく、中途半端にいろいろ手を出してみんなで沈むよりは売却するほうがハッピーに違いない……、そう自分に言い聞かせながら、泣く泣く事業の売却を決断している社長もいるでしょう。

M&Aのパターン❷　会社を丸ごと売却する

さらに悩ましいのは、会社を丸ごと売却するケースです。

一般的には、社長が高齢になったけれども、後継者がいないので、やむなく誰かに売るケースが多いのですが（事業承継と言います）、スタートアップでも会社を丸ごと売却するケースはあります。

M&Aは、買い手がイエスと言えば済む話なので、上場が認められるための条件を整える必要があるＩＰＯよりも一般にはだいぶハードルが低いと言えます。

今の会社は別のオーナーに任せて、自分は売却したお金でゆうゆう暮らしたい創業者、あるいは売却益を原資に新しいチャレンジをしたいという創業者にとっては、有力な選択肢の一つです。

ただ、会社の経営が苦しい状況だと、なかなか買い手がつかないので、あくまで事業が好調なときでないと難しい方法とも言えるでしょう。また自分が集めてきた仲間に対する責任をどう捉えるかも現実的には悩ましいところです。

M&Aのパターン❸　子会社になる

経営を手放すのではなく、大きな会社の子会社になって、そのまま経営を続けさせてもらうという選択肢もあります。

「単体でひたすら頑張るのが事業や社員の将来にとって本当にいいのか、それともビジョン実現のためにどこかと一緒になったほうがいいのか……」。変数が多いだけに、社長にとっては非常に難しい意思決定と言えるでしょう。*

そうはいっても、**意外なほどシンプルな理由で決断するケースもあります。**

リアルな話をすると、それまで売却する意思がなかったのに、具体的な金額を提示されるやいなや、スタートアップの経営陣の目の色が変わるケースがあります。

つい先月まで「ビジョンの実現のために人生を賭けて頑張ります」と宣言していた経営陣が目を「¥マーク」にして、「もう一押しすれば、1億円で売却できるよ！」などと興奮気味に話すのです。

もちろん、育ててきた企業を売却する権利は創業者（より正確には株主）にあるわけで、こうした言動を否定するつもりはありません。

また、会社を売却したい経営陣が、反対派の社長を追い出したというケースもありました。具体的なお金が見えると、びっくりするほど人の考え方は変わるものです。だからこそ日頃から、目線合わせは大切だと思います。

マッチングサービスのような手段で売却先を見つけることも

M&Aの売却先を見つける方法は、いくつかあります。

シンプルでありながら意外に多いのが、**「相対取引《あいたい》」**です。

売り手側も買い手側も、まったく知らない相手と売買交渉するのはハードルが高い。そこで、「○○さん、うちの会社（事業）を買ってくれませんか？」と知り合いの社長に持ちかけるのです。

会社・事業いずれの売却の場合も、「ここと一緒になれば事業シナジーがあるのでは」と

＊今後の日本では子会社化による事業承継がものすごく増えると見ています。日本企業の99％以上は中小企業ですが、その会社を継ぎたい人は少数なので、どうしても統合される流れにならざるをえないでしょう。

いう会社にコンタクトします。

ただ、自分の人脈だけでマッチング先を探し出し、条件交渉するのは至難の業。

そこで実際は、**M&Aのアドバイザリーや仲介会社が間に入ることが多い**です。売り手探しと買い手探しのいずれか、あるいは両方受け持つ会社もあります。

特に最近は、中小企業向けのM&A仲介プラットフォームがあり、売り手側が登録すると、買い手側がそれを見て、「条件が合いそうなら、1回面談しますか？」とまるでマッチングサービスのように、交渉が始まっていくケースが増えています。

あるいは、信頼できる方に、「こういう事業を売却しようと思うんだけど、興味ありそうな会社ありますか？」と聞くパターンもあります。このときも、親和性やシナジーを考えて打診していくことが多いです。

赤字の会社や事業でも売却できるか

もちろん、売却に至るには、買い手と条件面で折り合わなくてはなりません。

まず論点になるのは売値です。

「いったいこの会社にはいくらの価値があるのか」

通常は、最初に売り手がだいたいこれくらいの価値だというところを提示します。その言い値で決まるケースもありますが、ほとんどの場合は、買い手がディスカウントしてくるので、交渉することになります。

会社の値段はどうやって算出するかというと、これは企業の規模にもよります。

しっかりと事業が成り立っている会社であれば、DCF法（ディスカウントキャッシュフロー方式）などを用いて、企業（あるいは事業）が将来どれくらいの事業収益を生み出す可能性があるのか、企業（事業）価値を算出します。

もっとも、**中小規模の企業の場合は、どんぶり勘定で算出しているケースも少なくありません。** 小さな会社は精緻に計算しても、将来の事業収益が予測しにくいからです。*

だから、平均的な営業利益の何倍という形で計算する場合もあれば、これまでつぎ込んできたコストを積み上げたうえで利回りを含めて算出する場合や、買い手が事業の将来性を想定して計算する場合もあり、ケースバイケースです。

＊ちなみに、中小企業の場合は、財務諸表が実態を伴っていないこともあります。たとえば、社長の個人的な費用が計上されていたり、よくわからないアドバイザー費用が入っていたり、親会社が経理を行なっていて安く済んでいたり、といった具合です。

「赤字の会社や事業でも売却できるか?」という質問もよくいただきますが、売却自体は可能です。

ただし、買い手の視点から見て重要なのは、買収後に事業を伸ばせるかどうかです。事業の中身を変えたり、買い手がすでに手がけていた事業と合わせたりすることで大きく成長できれば、多少赤字だとしても投資する価値があるとみなされます。

だから交渉するときは、**「赤字の事業でも既存事業とのシナジーが期待でき、これから伸びていく可能性がある」というストーリーを描くことが重要です。**

もっとも、買い手側は逆に、「これは赤字だから、企業価値が全然ない」というストーリーでディスカウントを迫ってきますから、そのせめぎあいと言えるでしょう。

「人+事業」で価格交渉する

実際のM&Aは、売り手側と買い手側のさまざまな思惑があるなかで、複数の論点について交渉していきます。

たとえば、「人」について。

日本企業同士の買収の場合、社員も選り分けせずに「全員移籍」が一般的です（売却対象が会社、事業問わず）。売り手も雇用を守ることを条件に売るケースが多いからです。

たいがいの事業は、もともと働いていた人がいないと成り立たないので、買い手も社員をそのまま雇用することを容認してくれやすい側面はあるでしょう。

一方で、特に外資系企業だと、会社や事業部を解体して、「１００人いるけど、50人で回せるでしょう」「受け入れられるのはせめて80人まで、20人はクビを切りたい」「この機能の人だけ入ればいい」とドラスティックな要求をしてくるケースもあります。

生々しいことを言うと、対象者として面談をして「この人は残す、この人は要らない」と切り捨てるケースも。

しかし、売却先からの要求をそのまま受け入れたら、従業員が路頭に迷いかねません。「売値を若干安くするから、従業員の雇用を守ってあげてほしい。なんとか全員の面倒をみてくれませんか？」などと粘り強く交渉を重ねることは実際にあります。*

＊購入後に「活用できていない遊休資産だから」と不動産を売ってしまうファンドもあります。事業を買収しておきながら、実際は事業よりも資産に価値があると見て、効率的に買っているわけです。買収する会社によって、M＆Aに対する考え方・思惑はまったく違うと言って良いでしょう。

M&A後は、社員に大きな負担がかかる

事業とセットで人も移籍するという話をしましたが、移籍しなくてはならない当人にとっては一大事です。

会社のオーナーが変わるだけでも大きな変化なのに、合併や事業譲渡によって、突然「来月から別の会社に行ってください」なんて言われたら、戸惑うのが当たり前です。

実際、所属先に対するロイヤリティ（信頼）が高い人ほど「この会社に共感して入ったのに、まったく違う会社に行くのは……」と思い悩み、移籍後すぐに辞めてしまうケースが非常に多いです。希望をとって、どうしても移籍を受け入れられない人は社内の別の事業部に異動させる処置も取れなくもないですが、買い手は優秀な人材が欲しいので、必ずしも希望は通せません。

また、一部の人だけ移籍する場合、買い手から「要る」と言われても移りたくない人がいる一方で、「要らない」と言われた人は、元の会社にとどまれるとはいえ、それはそれでハレーション（摩擦）を生んでしまいます。

M&Aで別の会社に移籍した後も、アウェイな環境で外様扱いされ、肩身の狭い思いを

します。カルチャーの異なる学校に転校したような感覚に近いですね。

どの会社でも派閥みたいなものが存在しますが、合併すると、それがより顕著に表れます。組織に所属すると、縄張りをつくろうとするのが人間の性です。

すると、上層部は事業を伸ばすために合併したのに、従業員は出身組織同士でいがみ合いを起こします。何十年前に合併した会社でも、社長は出身組織で交互に入れ替えるといったどうでもいいことをしている会社もありますが、そうした問題が随所に発生するのです。

環境が良くなることもあれば、悪くなることも

事業の方針だけでなく、これまで培ってきた「仕事のやり方」まで変えるよう、迫られることもあります。

買収した会社や事業をうまく活かすための統合プロセスを、ＰＭＩ（ポスト・マージャー・インテグレーション、Post Merger Integration）と言います。

ＰＭＩによって、売却先のファンドから送り込まれた人たちが経営に就くことがあります。すると、**良くも悪くも、これまでの仕事やマネジメントのやり方を否定されていきます。**

売却される会社や事業は、元の会社の枠組みではうまくいっていないケースのほうが圧倒的に多いので改革は必然であり、だからこそ受け入れざるをえない部分はあります。

見方を変えれば、買収されたら注力事業として投資対象となり、リソースが手厚くなったりして、働きやすくなる側面もありますが、心理的なハードルの高さはぬぐえません。*

このように、会社を移るにしても移らないにしても、従業員の環境は激変します。経営陣は、移籍しなければならない方々にちゃんと説明をして、理解してもらうことが必要ですが、どう説明しても、一生懸命頑張っていた従業員からすると「梯子《はしご》を外された」という思いは残るでしょう。

私も幹部社員と従業員との面談に同席することがありますが、「つらいだろうな」と同情することもあります。会社が本当にきつくなって、つぶれる寸前のつらさよりはマシですが、そんな話をしても、従業員は知ったことではないでしょう。

しかし、それでもM&Aに踏み切らなければならない状況はあります。そうした意思決定を迫られたときも、社長は孤独に耐えて決断しなければなりません。

＊　給料は、経過措置として、買収から1、2年間は前職の給料を踏襲した後、売却先の評価水準に合わせるケースが多いですが、いきなり売却先の基準に変えられるケースも。日本企業はいまだに年功序列の人事考課制度を続けていて、事業部ごとの給与水準が変わらない会社も少なくないものの、売却先によって大きく変わることもあるでしょう。

3「社長の立場を離れたい……」と思ったら

会社を畳みたいと思ったら、畳んでも良い

ＩＰＯやＭ＆Ａの話をしてきましたが、ここまで辿り着ける起業家はほんの一握り。現実には、会社を立ち上げて数年間頑張ったけれども、うまくいかないので、会社を畳みたいと思っている起業家も少なくありません。

あくまで私の肌感覚ですが、**社長の8〜9割は、積極的に「辞めたい、会社を閉じたい」とまではいかないまでも、「ちょっと責任のある社長の立場を離れたいな」と思ったことが一度や二度はあるのではないかと思います。**

事業が立ち上がらなかったり、お金や人で苦労したり、とさまざまな困難に対して、「やった！　困難きた！　マジ毎日楽しいわ、イェイ！」と思える変わった社長もいますが、さすがに少数派。「困ったな」「もう責任から離れたい」と思うのが普通の反応でしょう。

従業員や金融機関、投資家など、社長にはさまざまな責任がのしかかります。時にはそうした責任からちょっと離れたいと思うのは、人間ですし、自然な感情だと思います。

また、社長の立場から離れたい理由には、「経営をしていくなかで、新たな目標が見つかり、それに挑戦したくなった」というポジティブなパターンもあるでしょう。

では、会社は絶対に畳んではいけないかというと、**本当に畳みたいなら畳んだらいい**と、私は思います。無責任に聞こえるかもしれませんが、その人の人生ですし、社長を続けるには「孤独に耐え続けるエネルギー」が必要ですから、それが枯れてきているのであれば、無理を強いることはできません。

もっとも、**多くの場合は、畳むのを躊躇《ちゅうちょ》する理由があるはずです。**

表向きの理由としては、「これまでの顧客への責任」「従業員や投資家に対する責任」といったものでしょう。でも実際のところ、畳みたくない本当の理由は「ビジョンやミッションを実現できていないことへの心残り」ではないでしょうか。

自分の本音と一回向き合って、それでも自分が「続けられないかも……」と思うのであれば、会社を畳むことや、畳み方を考えても良いと思います。

「ガチガチの鎧」を外す勇気を持つ

もし「会社を畳みたい」と相談されたら、私は次の三つをすすめています。

一つ目は、「自分の会社がなぜ存続できているのか」を改めて考えることです。

会社が存続できているのは、社会にとって何らかの価値があるからです。売上が1円でも立っているということは、対価を払ってくれている方がいることを意味します。その価値を見つめ直してみるのです。

提供している商品やサービスによって、お客様が喜んでくれているのかもしれませんし、従業員がいるのであれば、その方の人生に貢献できているとも言えます。給料か経験かはわかりませんが、その人の人生に何らかの良い影響を与えているのでしょう。

本当に嫌だったら他の会社に行けばいいのに、自分の会社を応援してくれているわけです。そういう存在になっている会社を、自分の意思でつくり出して社会に貢献しているという意味では素晴らしいことですよね。

二つ目は、いきなり畳もうとしないで、思い切って1週間ぐらい休んでみることです。

いったん日常から離れて、これからのことを考える「社長の個人合宿」を実施しても良いでしょう。

社長は休んではいけない、と思われるかもしれませんが、実際に休んでみたら、それはそれでなんとかなるものです。仕事を誰かに任せるのが心配なら、新規の仕事はちょっとだけ減らしてみても良いと思います。

会社を畳みたいと思うときは、たいがいこの先どうなるかわからないという不安を抱えているので、仕事で埋めたくなるかもしれませんが、ちょっとだけ距離を置いてみると、冷静になって自分を見つめられると思います。*

三つ目のアドバイスは、支えてくれているパートナーがいれば、会社を畳もうか悩んでいることを本音で相談してみることです。

これは意外と重要です。

私は、いろいろな会社の社長に会社のシリアスな悩みを相談される立場にありますが、「その話を、パートナーの方に話したことはありますか?」と聞くと、ほとんどの場合、話していません。パートナーにはつい強がってしまうのでしょう。

しかし、話してみたら意外と理解を得られるケースは多々ありますし、話すだけで気がラクになるものです。パートナーとは、奥様・旦那様といったプライベートなパートナーでも、あるいは本気で信頼してきた会社の同志でも良いと思います。

周りを見渡すと、ガチガチの鎧で武装している社長が多いように思えます。

もちろん、勝負のときは武装する必要があるのですが、闘いから戻ってきても常にガチガチの鎧を着たままだと、しなやかさがなくなり、あるときポキっと折れやすくなります。

いつもパーフェクトである必要はありません。少なくともパートナーの前では武装を解いてみてはいかがでしょうか？

＊社長になると、文句を言われることは多くても、ほぼ褒められなくなります。褒められたくてやっているわけではないにしても、一度、自分で自分を褒めてみる。意外と、冷静になり適切な判断を下せるようになるかもしれません。

第5章 社長の心得

- 投資家から見ればIPOやM&Aは「出口」になるが、社長にとっては「新たな始まり」。上場すれば特に、資金調達しやすくなり、信頼度も上がるが、その半面、社会の公器として外部からの目も厳しくなる。
- 事業が好調であればM&Aを検討するのもいいが、移籍する（残る）社員の待遇などを考慮して慎重に進めるべき。

●いずれにしても、「社長自身がどうありたいのか」が極めて強く問われる意思決定であることは忘れない。

●「会社を閉じてもいいかな」と頭をよぎったら、まずは会社の存在意義を思い返す。さらに創業の原点に立ち返り、自分を見つめ直す時間をつくる。あるいは、信頼できるパートナーに相談する。それでも無理だと思ったら、自分の心に従うこともありうる。

Column
session 5

「二代目社長が会社をつぶす」には理由がある

跡を継いだのに、お飾りの状態に……

ここまで主にスタートアップを念頭に置いてお話ししてきましたが、読者のなかには「二代目社長」もいるかもしれません。エッグフォワードでも、二代目社長からの相談は少なくないので、この場を借りて少し取り上げたいと思います。

先代から会社を継いだ二代目社長は、ほとんどが、二代目特有の苦労をされています。

おそらく最も多い悩みは、二代目に跡を継がせたのに、先代がずっと口出ししているケースでしょう。

創業者である先代は、その事業を立ち上げて成長させたり、継続させたりしているので、優れた手腕を発揮してきたという自負があります。

そうした人が会長に退いても、経営からスパッと身を引くのは、なかなかできないことです。たまに会議などに出てきて、二代目社長の決定をひっくり返したりするわけですね。

こうしたことが頻繁に起こると、幹部や従業員は社長でなく先代の会長の顔色を見てしまい、何でもかんでも、「一応、会長のお耳にも入れておこう」となります。

結局、大事な判断は常に会長の指示を仰ぐようになり、傀儡《かいらい》というか、お飾りの社長になってしまうのです。「社長は何もしていないね」と二代目社長に対して誰もリスペクトしなくなる。

実際のところ、二代目社長は先代と比べると、どうしても経営手腕が見劣りするところはあります。社長としての資質が高いから選ばれたわけではなく、最初から継がせることが前提ですし、先代のような修羅場をくぐっていないので、社長としての胆力が鍛えられていないのです。当の本人もそうした自覚はあるかもしれません。*

そうはいっても、先代がいつも口を出してくる状態では、実力を鍛えようがありません。何より、やりにくさを感じていることでしょう。

周囲の意見に耳を傾けず「お山の大将」に

「自分はデキる人間だ」「見返してやる」と反発し、良いところを見せようとするあまり、二代目社長は落とし穴にハマります。

先代のやり方が不満だ、と自分なりの理想のやり方を貫こうにも、思ったように結果が出ないのです。

そんなとき、周囲に助けてもらえば良いのですが、**このような二代目社長は、先代の頃から勤めている番頭さんたちとの関係も、ギクシャクしがちです。**

先代が事業を切り拓いてきた企業だと、番頭さんたちは、先代に強い恩義を感じています。

別に息子に付いていきたいわけではないものの、「恩義もあるし、息子さんも支えよう」とするのですが、やはり先代と比べて物足りない、と感じてしまうのですね。そもそも

＊「他の会社で勉強してこい」と家業の会社に入る前に他の会社で働く人もいますが、そこが、比較的ゆったりした会社だと、あまり成長していなかったりします。「かわいい子には旅をさせろ」ではありませんが、経営に近いシビアな体験を「修業中」にできないと、なかなか難しいものがあります。

社歴の長い人は、二代目のことを子どもの頃から見ているので、「息子さんはボンボンだから……」と子ども扱いしがちです。

二代目社長はそんな番頭さんたちを頼ることなく、自分一人の力でできるところを見せたくなるものです。

二代目に助言しても聞き入れてもらえないと、番頭さんたちのプライドが傷つきます。そして、支えていくモチベーションをなくしてしまうのです。

その結果、二代目社長はお山の大将になり、次々と間違った経営判断をして、会社を傾かせてしまう……。これが、二代目が会社をつぶす典型的なパターンです。

ただ、二代目社長が謙虚に番頭さんたちの声を聞けばよいかというと、そうとも限りません。これまで支えてきた番頭さんたちの声をすべて聞いてしまうと、良い意思決定ができなくなることがあるからです。保守的な番頭さんに合わせてばかりで、改革ができなくなってしまう。

建設的な批判は受け止めなければならないのですが、あまり聞きすぎても良くない。ここが二代目社長の難しいところです。

素晴らしい二代目は、自己否定しながら、アップデートしている

もちろん、すべての二代目社長が会社をつぶすわけではありません。素晴らしい二代目社長はたくさんいます。

先代が築いた資産をうまく活かして、長所を強化して市場を広げたり、事業をピボットさせたりして、大きく会社を成長させています。

うまくいく二代目社長に共通しているのは、思考の柔軟性が高いことです。過去の勝ちパターンではない戦い方を見いだしますし、新しい技術も抵抗なく導入します。

一方で、自分が社長として足りないものがあると自覚して、番頭さんたちをうまく頼ったり、優秀な人材をよそから集めてきたりします。

実の子どもなので、先代のワンマン創業者が反対するようなことでも、臆せず主張しやすい、という面もあります。

この会社の社長として、本当にすべきことは何かを、先代の意思決定に左右されることなく考えられる。客観的に自己否定しながら、会社や自身をアップデートし続けられる。

そうした社長は、二代目、三代目などは関係なく、事業を伸ばしています。

娘婿が次期社長になると、「お手並み拝見」になりやすい

通常の二代目社長よりもさらにややこしくなりやすいのが、先代社長の娘婿が跡を継いで、二代目社長になるケースです。

オーナー企業で先代社長のお子さんが娘さんしかいないときなどにそうなるのですが、実の子どもが継ぐよりも、社内の反応はネガティブになることが少なくありません。

これまで働いていた古参の幹部や従業員から見ると、「娘さんの旦那さんか知らないけど、何も知らない人がいきなり社長になって、何ができるんだ」となるのですね。

だから、実の子どもが継ぐ以上に、「お手並み拝見」になりやすいのです。

最悪なのは、その新社長が、「私が前にいた会社はこうだった」「どこどこの大手はこういうやり方をしている」と言って、新しい仕事のやり方を押しつけることです。新社長はいきなり経営を任されるぐらいなので、前職が大手企業の役職者であったりすることが多く、その会社のやり方が良いと考えています。

しかし、**中小企業と、前職の大手企業とは環境や考え方が全然違います。**それを無視して新しいやり方を押しつけてもうまくいきません。たとえ良いやり方だったとしても、人間には感情がありますから、今までのやり方を頭ごなしに否定されたら面白くないでしょう。

すると、余計に、娘婿の新社長vs.旧組織の対立構造が生まれてしまいます。実際、そうなってから相談に来られるケースもたくさんあります。

こうした対立を防ぐためには、まず、新社長が組織の社風や文化などを理解することが必要です。**この会社がどういう成り立ちで、みんながどういうモチベーションで働いているのか。**こうしたことを知ることで、どうすれば自分の言葉が幹部や従業員に受け入れられるかが見えてきます。

できることなら、社長としての業務を始める前に、現場に入って働かせてもらうといいでしょう。経営報告の資料だけ見ていても、現場のことはわかりません。現場を蔑《ないがし》ろにすると、孤立します。

M&Aで買収した会社の社長になる人が、就任前に現場で働いて、店長にボロカスに言われるなんてことがありますが、そういった経験が経営にすごく活きてくるのです。

このように、まずは雪解けの努力をする。それから、どういう会社にしていくのか、方針を示しても遅くはありません。*

二代目社長は「3・3・3」を意識することが大切

実の子どもにしても娘婿にしても、二代目社長は古参の幹部や従業員から「お手並み拝見」という目で見られます。

その会社で頑張ってきた人ほど、「なぜ息子を支えなくてはいけないのか」「なぜ、外から来た人が、いきなり上司になるの?」という感情を抱きます。

そうした人から信頼を得るためには、入社した初期の段階で、何らかの短期的な成果を出すことが重要です。

「とりあえず半年間、様子を見て馴染んでから何かやろう」とのんびりしていると、「この人、何もしない人だな」というラベリングをされてしまいます。人間関係の常で、第一印象が悪くなった後に評価をひっくり返すのは大変です。

意識としては、「3・3・3」を頭に入れておくと良いでしょう。

これは、**入社して3日・30日・3カ月で、段階を踏んで、信頼を勝ち取っていくことが重要だ**、ということです。

最初の「3日」ではとにかく、幹部や従業員に、「どうも悪い人ではなさそうだ」という印象を抱かせる。「敵が来た」と思われると、幹部も従業員もガードしてしまい、誰も情報を共有してくれなくなります。そこで、自分がどんな目的や思想を持っている人かを発信して、理解してもらうことに努めます。

ただ、これだけだと、雪解けまではいきません。そこで次の「30日」以内に、ちょっとしたことで良いので、良い変化をその組織にもたらすことが重要です。すると「新社長の方針はいけるかもしれない」と信頼してくれる人が少しずつ増えていきます。

さらに「3カ月」以内で、もう少し中期的な変化の兆しをつくれると、そこから一気にうまくいきやすくなります。一定の基準を超えると、信頼されるようになり、情報が集まってくるようになります。

＊私も企業再生の現場では、立場を伏せて一定期間様子見で働かせてもらった経験があります。もちろん、一生懸命やりましたが、後から驚かせてしまった方々ごめんなさい。

このように、一歩ずつ段階を踏んでいき、短期の成果を少しでも出せば、中長期的な変革に取り組むことができるでしょう。*

功労者を切らなければいけないときも

番頭さんたちから見た二代目社長の話をしましたが、**場合によっては、先代を支えてきた番頭さんを切る、柔らかく言えば引退していただいたほうがいいケースもあります。**

そうした人たちは先代が立ち上げた事業や仕事の進め方が好きなので、新しいことをしようとすると否定的な意見を言うことが少なくありません。

そうなったときに、たとえ功労者であっても、一線を退いていただいたほうが良いことがあります。

本当にその番頭さんに辞めてもらったほうが良いのか、いてもらうべきなのか。二代目の場合、子どもの頃から番頭さんにお世話してもらっていたりすれば、なかなか決断できないでしょう。

「自分と合わない」「なにか気に食わない」「とにかく先代の体制を刷新したい」といっ

た、論理的ではない理由で引退してもらうのは最悪です。それは従業員にも伝わりますから、間違いなく、引退してもらった後の会社の雰囲気が悪くなります。

「この会社は先代がやってきた事業を続けてきたけれども、これからは、こういうビジョンやミッションに沿って事業を進めていく。そのためには、過去からいた人だけを重用するのではなく、ビジョンやミッションを実現するうえで、このように体制を変えていきたい」

このように、経営方針を論理的に説明しておけば、会社の雰囲気も悪くならず、番頭さんにも納得してもらいやすいと思います。

感情ではなく、ゼロベースで考えて必要と判断したら、功労者でも身を引いていただく。会社を成長させるためには、避けては通れない意思決定と言えるでしょう。

難しい舵取りを任される立場の二代目ではありますが、それまで先人が積み上げてき

＊ 3カ月もかけずに、もっと早く結果を出したいと思うかもしれませんが、頑張りすぎて空回りするパターンもあるので注意が必要です。前職のパターンを持ち込んで、無理やり成果を出そうとすると、失敗しがちです。

た資産をベースにして経営ができることは誇らしいことですし、文字通り選ばれた者だけが得られる貴重な機会なわけですから、どうか果敢に挑んでもらいたいものです。

第6章

「24時間悩み、365日決断」難しいがクセになる経営判断

――会社の未来を左右する「社長の意思決定」

1 とにかく速く、時には柔軟さも必要

先延ばしにしても良いことはない

ここまで、カネ、人、組織、事業、出口戦略にまつわる社長の悩みを見てきましたが、あらゆる領域のマネジメントに共通して言えるのが**「意思決定」の難しさ**でしょう。

事業を進めていくうえで、簡単には判断を下せない事案が次々と出てきます。

たとえば、赤字を垂れ流している事業に、これ以上資金や人をつぎ込むか否か。

事業の顧客ターゲットを変えるなどのテコ入れをすべきか否か。

それ以外にも、採用の最終合否や人事異動、他社との提携や、重要顧客とのトップ商談などに加え、小さい決断も数多くあります。

世の中のすべての社長は、ほぼ毎日、意思決定の場面に直面していると言っても過言ではありません。

社長が迫られる意思決定はとりわけ社内外に与えるインパクトが大きいことばかりです。

全社が目指しているビジョンを達成するためには、リスクや失点を防ぐ「守りのアプローチ」だけではダメで、次の成長に向けた「攻めのアプローチ」が欠かせません。そのため、どうしても社長の意思決定には、失敗のリスクも伴います。

さらに、スタートアップの場合だと、そもそも誰もしたことがないビジネスを手がけていることも多いですから、何が正解なのかは、社長も含めて誰にもわかりません。

そのため、どんな社長も意思決定するのに躊躇するのは無理のないことでしょう。

しかし、**意思決定をいたずらに先延ばしにしても、良いことはほとんどありません。**

新しく立ち上げた事業がこのままでは厳しい、とうすうす感じているものの、ここまで投資をしてきたから期待したい、頑張ってきた社員の目もある、社外関係者への説明責任もある、だから、とりあえず思い切った意思決定は先延ばしにして事業を続けよう……。

その結果として、傷口が広がって、損失が著しく膨らんでしまう。このような例は数知れません。

あるいは、事業のテコ入れのために、幹部候補の中途採用を検討したものの、「他にもいい人がいるかもしれない」と思って決断を先延ばしにしていたら、他社に取られてしまったというケースもあります。

「もうちょっと早く意思決定しておけば……」と後悔しても、時すでに遅しなのです。

そう考えると、失敗を恐れず、速やかに意思決定をすることが鉄則と言えるでしょう。

名だたる社長も、最初から正しい意思決定がスピーディにできたわけではありません。後悔と葛藤を繰り返しながら、意思決定の質やスピードを少しずつ高めているものです。*

もっとも、単に意思決定が早ければいいというわけではないのですが、その理由は、この後の「撤退の意思決定」の項で詳しく述べたいと思います。

社長の朝令暮改は悪いことか

自身の嗅覚やアンテナによって、自分の判断を見直し、柔軟に速やかに変えていく。これも社長に求められる、とても大事な能力です。

朝はX案でいくと言っていたのに、夕方になったらやっぱりY案でいくと言い始め、たちまち業務がふり出しに戻る……。そんな社長の朝令暮改《ちょうれいぼかい》に苦しめられたことのある人は少なくないでしょう。

そんな人でも、自分が社長になったら、朝令暮改をするようになるものです。下手をすると、〝朝令朝改〟することも……。

もっとも、私は、**社長の朝令暮改は悪いことではない**、と考えています。

朝に「現状のまま進める」と指示を出したとしても、昼に入ってきた新しい情報によって、「やはり変えたほうがいい」と判断することは経営において時には必要だからです。

一方で、社員からは朝令暮改と勘違いされているケースもあります。

たとえば、社長は「Aをきちんと行なった後に、Bをしよう」と考えているのに、社員には、「朝の時点ではAをやるぞと言っていた社長が、夕方にはBをやると言い出したぞ」と捉えられているのです。

こういったことが起きるのにも、構造的な理由があります。

社長と社員の間で前提となる情報に差があるにもかかわらず、社長は一から十まで全部

＊社長として失点をしなかったら、良い社長かというと、そんなことはありません。ユニクロの柳井正さんが著書で「10回新しいことを始めれば、9回は失敗する」と言っているように、偉大な社長でも1勝9敗なのです。全勝する必要はまったくないのです。

を説明することなく結論だけを伝えると、社員は飛躍した結論だけを耳にして、両者の間で誤解が生まれてしまうのです。

これを防ぐには、きちんと情報共有をするしかないのですが、アップデートされる内容を含めすべての情報を社員に説明することはなかなか難しい。

そこで必要になるのが、社長の「翻訳機能」を担う存在です。信頼するキーマンに情報伝達役を担ってもらうのです。

社長は少なくともキーマンには、自分が今どういった背景で何を考えて、結論が変わったのかを伝えるようにして、トップのそばにいるキーマンは、発言の背景やプロセスを理解して言語化し、社員に行動してもらえるように伝えていくわけです。

キーマンが社長の翻訳機能としての役割を果たせれば、少なくとも社員から「社長は朝令暮改だ」と揶揄《やゆ》されることは少なくなるはずです。

外部の「壁打ち役」をつくる

社長の意思決定は、誰かに頼らず、社長自身で行なうのが大原則です。

というのも、社長は自分の意思決定に責任を負わなくてはならないからです。「相談役から、やれって言われたからさ」というような社長に、社員も投資家もついていこうとは思わないでしょう。

しかし私自身がそうですし、また、たくさんの社長のサポートをしていても思うのは、誰かに「壁打ち役」となってもらって話をするのは、意思決定をするうえでとても有効だということです。

読者の皆さんも、誰かに話をすることで、自分の頭の中が整理されたという経験はあるのではないかと思います。じつは社長にとっては、それ以上の意味があります。

そもそも社長というのは、本音で誰かに相談することが構造的に難しいのです。「社長」である以上、社員たちに心配な顔を見せるわけにはいきません。投資家や銀行に対しても、どれだけ不安を抱えていても、自信があるように装う必要があります。「じつは、悩んでいまして」とは、口が裂けても言えないのです。

しかも、毎日のように数えきれない数の意思決定にさらされていると（しかもそれが楽しい案件ばかりではない）、社長自身も、何を基準にして意思決定をしていたかわからなくなるときがあります。

すると気づかないうちに、自身でしっかり考えていた社長でさえも、波風が立ちにくいような意思決定に流されてしまうこともありえます。

社長に限らずですが、自分のことは客観的に見れないものです。**そんなとき、意思決定の拠り所を取り戻すうえでも、フラットな目を持つ第三者と話すことには大きな意味があります。**[*1]

ややこしい問題に関しては自分一人では整理しきれないこともあるでしょうし、企業経営は放っておけば独りよがりになりがちです。そんなとき、誰かと対話をすれば、**「あ、こういうことが大事だったな」「原点はこれだった」と客観的な視点を取り戻せたり、心の奥底で思っていたことに気づけたりもします。**

経営陣のなかで互いに対話をしながら壁打ちするのが理想ですが、社外に信用できる方がいるのなら、その方に「壁打ち役」をしてもらえば良いでしょう。

相談先を置くにしても、社長がすべてを決めないといけないのは大変だと思ったかもしれませんが、なにも社長がすべてのことを決める必要はないのです。

テーマに応じて誰かに意思決定を任せてもいいでしょう。

ただその場合、「誰に何を任せるか」については、社長が意思決定をする必要があるということです。[*2]

昔の決断を悔やんでも仕方ない

社長はどんなときも自分が判断できる範囲において、ベストな決断を下しているはずです。

しかし、それでも**自分の意思決定に100%自信を持てる社長はなかなかいません。**悩ましい経営判断になればなるほど、「本当にこれで良かったのだろうか……」「もうちょっとこうすべきだったのではないか……」という気持ちが断ち切れないときがやはりあります。

事業に関する決断も悩ましいですが、**人に関する決断は特に大きな葛藤を伴うものです。**

＊1 私が知る限り、単独で自走し続けている社長はほとんどいません。表に出さないだけで、社外のコーチをつけるなど、社内外問わず相談先を持っている社長は意外に多いです。私自身、たくさんの社長の伴走支援をする立場でもありますが、外部のメンターやコーチをそばに置いています。

＊2 的確な意思決定を行なうには、耳の痛いことを言ってくれる人を周囲に置くことが重要です。「この人の言うことなら聞いても良い」と思えるような人を経営メンバーに入れてもいいし、社外の方でも良いでしょう。自分の信念を持たないといけませんが、一方で、ある種自分を否定してもらえるような構造を意図的につくるのです。

私自身も企業再生の現場で不採算の事業部を組織ごと解体せざるをえないという意思決定をした経験が何度もありますが、その度に、言葉では表現し難い葛藤に苛まれていました。

一緒に仕事をした人たちの顔が浮かぶだけに、心の奥底ではそうしたくないのです。社長自身が大事にしていることと反する意思決定をせざるをえないときの葛藤に、社長の多くが苦しんでいるのではないかと思います。

しかし、社長であろうと、そうでなかろうと、過去の決断を振り返って悔やんだところで何も生まれません。結局は未来を向いて、意思決定を活かしていくしかないのです。

その意思決定の結果として、仮に事業や組織が望む状態にならなかった、厳しい状況に追い込まれたとしても、その経験を踏まえて、「次にどう活かせるか」と考えるしかありません。

結局のところ、意思決定は、そのとき、その瞬間の判断にすぎないのです。

ベストと思える意思決定をしたら、その決断を成功させるために全力で取り組む。意思決定したことには固執せず、様子を見ながら軌道修正する。そのサイクルを速く回すことのほうが大切だったりします。

変化が大きく、不確実なスタートアップで成功確率を高めるには、1回の意思決定に囚われず、改善のサイクルをとにかく速くすることを心がけるといいでしょう。

2 「撤退」の判断こそ経営の醍醐味だ

会社の経営が傾く原因の多くは「撤退の遅れ」

ここまでも少し触れましたが、経営がうまくいかなくなったとき、真剣に向き合わなければならないのが、「撤退」です。数ある意思決定のなかでも、事業から撤退するか否かを決めるのは、社長にとって最も難易度の高いと言えます。*

事業の撤退には大きく分けて、事業そのものから撤退する場合と、複数ある事業のうちの一つから撤退する場合があります。

＊事業の撤退に伴い、関係する社員たちと話をすると、その反応はさまざまです。「やめるなんて聞いていない！」といった反発がある一方で、極めて残念なのは「消化試合」のごとく、仕事に身が入らなくなってしまう社員が続出すること。前々から丁寧にコミュニケーションをとっていかないとあつれきが生まれる一方、とったらとったで、消化試合にもなりえる……。客観的には、自分が事業を切っているけど、自分自身もむしろ誰よりも身を切られている。そんな苦い思いをした記憶はずっと残っています。

前者の場合は、あえて大げさに言えば、撤退＝廃業を意味します。

後者の場合は、事業ポートフォリオの面から考えて、見込みのある事業にリソースを割くために、不振の事業から撤退します。リソースをうまく配分しないと、有望な事業の成長機会を奪うことにもなりかねないからです。

大企業に多く見られるケースですが、中小企業やスタートアップでも、単一事業から周辺事業に派生したものの、うまくいかなくて悩んでいる、という相談は少なからずあります。


いずれにしても、**会社の経営が傾く原因のなかで多くを占めるのが「撤退の遅れ」**です。

私が企業再生の現場で立ち会っていて最もつらいのは、出血しているのをわかっているのに放置して、出血多量になってもはや手遅れのケースです。「もう少し早く意思決定できていれば……」。そう悔しい気持ちになることも少なくありません。

ただし、投資と同様に「損切りは早め」が鉄則ではあるものの、迅速かつ冷静に判断できたら苦労はありません。

特に社長の肝いりの事業だと、「まだ諦めたくないから」とズルズル続けてしまいがちです。会社だけでなく、事業もまた自分の子どもみたいなものですから、わが子に向かって「まだ成人になっていないけど、お前は将来性がないから出ていけ」とはなかなか言えないものです。

スタートアップに限らず、誰もが知っている大企業でも、大きな赤字を出しているのに撤退のタイミングを逃し、全社的な収益を毀損した結果、全社が倒産状態に追い込まれたという例は山ほどあります。私自身もエッグフォワードで事業を閉じたことが何度もありますし、重ね重ね、撤退の判断は本当に難しいと痛感しています。

しかし、撤退の判断こそ安易に先延ばしにすれば、命取りになります。

成功を信じて粘る姿勢は賞賛されても、勝ち筋が見えないまま事業を続けたところで会社がつぶれてしまっては元も子もありません。

さまざまな企業再生に取り組んできた経験から言えるのは、社長は目指す思想やビジョンの実現を決して諦めてはいけない、だが、そこに向かうやり方やアプローチは極めて柔軟に変えるべきということです。

その事業を完全にやめることだけが撤退の形ではありません。

第4章で話したピボットのように、ビジネスモデルやサービス内容、顧客ターゲットを大きく変えるのも、広義の撤退と言えます。むしろ、そうした機動力を高めることが、スタートアップには求められるのです。

意思決定の失敗ケース❶　サンクコスト

とはいえ、撤退の意思決定は拙速に行なってはいけません。早ければいいというものではないのが悩ましいところです。

では、最適な意思決定を下すためにはどうすればいいか。その前に「意思決定を阻む要素」について知っておくことが大切です。

その一つが**「サンクコスト」**です。これは撤退の判断に大きくかかわってきます。

サンクコストとはこれまでに会社や事業に投入してきて、回収ができないコストのこと。「ここまでお金も時間もつぎ込んできたから、やめてしまうのはもったいない。いつか状況が好転するかもしれない」などと考えてしまい、サンクコストを回収しようとしてしまうことを、「サンクコスト効果」と言います。

負け戦《いくさ》だとうすうす気づいていながらリソースを突っ込み続けるのは、社長としては正しくない行為です。頭ではそうわかっていても、驚くほどに多くの社長がサンクコストに振り回されています。私自身も何度も経験があるので、気持ちは痛いほどわかります。*

そうなってしまうのは、「失敗を認めたくない」という後ろ向きの理由もありますが、社長は基本的にポジティブマインドの方が多いがゆえに「可能性がゼロではない以上、諦めたくない」「ここまでのみんなの努力を無駄にしないように頑張りたい」といった前向きな先延ばしが、さらなる不幸を招いてしまうのです。

「このまま続けていてもゴールには進めない」と思ったら、一度冷静になって、別の選択肢を含めてフラットに検討することです。

過去は置いておいて、「今、この瞬間に自分が何のしがらみもなく経営に当たったとしたら、本当に今の事業を継続するだろうか」と客観的に自分を見ることが必要です。

＊創業初期から共に歩んできた、ある会社の役員の話です。本人は頑張っていましたが、事業上の成果は出ていない。そんな役員に対して「非常に厳しいな」と感じていながらも、功労者なので簡単には役職を解けませんでした。結果、ビジネスモデルを進化させるべきタイミングに手を打てず、後発の競合に大きくシェアを奪われ会社の経営が揺らいだことがあります。まさに意思決定の失敗が経営に悪影響を与えてしまった代表的な例でした。

意思決定の失敗ケース❷　過去の成功体験

もう一つの失敗パターンは、**「過去の成功体験」**に引っ張られるケースです。伸びていた企業が没落するパターンの多くは、無意識に過去の成功体験や決断パターンに固執するあまり、意思決定のタイミングを見誤ってしまうというものです。大企業に多く見られそうですが、意外にもスタートアップや中小企業でも頻発します。

ある企業の話です。社長自ら丹精込めてつくりあげたプロダクトが、出足こそ好調だったものの、想定していた目標からは大きく未達。いったい何が起きたのでしょうか。

後日、導入先の顧客に話を聞くと、じつはプロダクトを評価していたわけではなく、社長との関係性から導入をせざるをえなかったのです。

当の社長は、「プロダクトが市場で受け入れられた」と勘違いしており、「営業次第で拡販できるはず」と営業部に繰り返し改善を求めます。

しかし、プロダクトのコンセプト自体が市場に合わない以上、そう簡単に売れるはずがありません。組織の誰も社長の「成功体験」を表立って否定できず、経営に行き詰まってしまったのです。

ちなみに、歯止めが利かなかった根本的な背景には、社長は過去に近しいプロダクトをヒットさせてきただけでなく、この会社の経営陣が、過去に類似プロダクトで、別の会社を華やかに上場させた実績がありました。そうした成功体験があだとなり、現実と向き合えなくなってしまったのです。

トップとしては、常に、過去に囚われず、フラットな目で見ることが必要だったという教訓ではないでしょうか。

「撤退のガイドライン」を設定しておく

それでも撤退をせざるをえない局面に立たされてしまった。そのとき、社長には判断の拠り所が必要になります。

いくら社長が客観的に判断を下そうとしていても、明確な基準がないと、周りの人は社長が主観的に判断しているように感じて、納得しない人が出てきます。何より社長自身に何の拠り所もないと、判断がぶれて、「もう少し様子を見てみよう」となりやすいのです。

一般的な判断軸としては、収益性が挙げられます。「赤字が続くようなら撤退を検討する」というわけです。ただ、これには難しい点があります。

特にスタートアップはそうですが、ほとんどの新規事業では最初の数年は赤字になるのが当たり前です。最初から利益が出ている事業などまずありません。

そうなると、今は赤字事業でもこれから伸びる可能性は十分にありますし、多少売上が落ちていたとしても、環境が変わればV字回復するかもしれません。

また、先に述べたサンクコストも気になってきます。

これまで投下してきたコストを考えると、撤退を躊躇する気持ちが芽生えます。「赤字なら撤退」と判断するのはわかりやすいですが、ではどこまでの赤字なら許容範囲なのかと考え出したらやはり社長の主観に頼りがちです。

そこで、一定の組織規模において有効になるのは、事業を立ち上げたら「撤退のガイドライン」も設定しておくことです。

事業開始から一定の年数で、「売上50億円以上」「主要な顧客数100社以上」といった指標が達成できなければ撤退する、という大枠の基準を決めておくのです。株式投資で「何割損したらロスカット」、パチンコや競馬などのギャンブルで「1万円負けたらやめよう」という考え方と一緒ですね。

このようにすれば、機会損失が生まれる可能性はありますが、少なくとも、事業を致命的になるまで続けてしまうようなケースは未然に防ぐことができます。

目先の売上だけで判断しては危ない

今の損得だけでなく、先を見た将来性があるかどうかも、撤退の重要な判断基準になります。

ある企業で今期の売上目標を達成しないと撤退に追い込まれてしまう事業部がありました。まさに絶体絶命の大ピンチですが、どうやっても目標を達成できる見込みがない。そこで、どうしたか。期末が近づくにつれて、その事業部では過剰な値引きが増え、多額の販促費を使って代理店に商品を送り込むことに成功。形式上だけは、売上目標をクリアしたのです。ところが、帳簿上の売上を増やすことに邁進した結果、大損失を出してしまい、その事業は結局、撤退に至りました。

そもそも市場から求められていない以上、姑息な手を使ったところで、遅かれ早かれ事業撤退は必然だったのかもしれません。

別のあるＳａａＳプロダクトの会社の例では、目先の売上を伸ばしていれば、その先の将来性もあるだろうと考えていました。しかし、短期の売上目標だけを追うあまり、サービスがおろそかになり、新しい顧客を獲得しても次から次にユーザーが離反してしまいます。一見成長しているように見えて、中身としては何ら将来性がない状態でした。その結果はお察しの通りで、離反が獲得を上回る状況のなか、撤退に追い込まれたのです。

将来性は、外的環境によっても変わるため、絶対的な基準とは言えないのですが、機会損失を起こさないためにも、事業が成功する確度（蓋然性と言います）を見極めながら、将来性のない事業は早めに見切って、ドラスティックに事業ポートフォリオを組み直す。それができる会社はやはり強いです。

やっぱり最後は人を見る

撤退を判断するうえで最後の決め手になるファクターは、アナログに聞こえるかもしれませんがやはり「人」だと思います。

トップであろうとなかろうと、事業に対して強い想いを持った旗振り役がいないのならば、撤退もやむをえないのではないでしょうか。

もちろん、「どんな困難があったとしても、必ずこの事業を成功させてみせる」という極めて強い覚悟さえあれば、新規事業は必ず成功するわけではありません。

しかし、その覚悟を持ち、ファイティングポーズを取り続ける推進者がいなければ、絶対にうまくいかないものだと私は思います。想いがあれば必ず成功するほど甘くはないですが、想いがない限り成功はしない。

事業責任者自身が、誰に何と言われようと成功を信じ、メンバーを鼓舞できるくらいの覚悟がないと周りはついてこないのです。

そのような人がいるかいないかで、成功するか、失敗するかの確率は大きく変わります。

事業を立ち上げた当事者に本気の意志がなくなっている場合、ほぼ間違いなく失敗します。

トップであれ、責任者であれ、意思決定するうえで、本当に成功を信じてやり続けられるのかどうかを改めて自問してほしいです（やり方については柔軟に変えていく必要があるのは先述した通りです）。

3 答えなき問い。会社はどこまで成長し続けなければならないのか？

社長と社員は「成長」でコンフリクトを起こす

事業の話をしてきましたが、会社経営をしていると必ず行き着く問いが、「会社はどこまで成長しないといけないのか」ということです。

何を言っているのかと思うかもしれませんが、会社経営を行なう限り、この問いからは逃れることはできません。

社長には、それぞれ**規模は違えども、会社を成長させ続ける使命があります。**

会社が成長すればするほど、顧客が増え、世の中に提供する価値の総量が広がっていきます。それはきっとビジョンの実現につながっているはずで、共感してもらえる顧客や従業員、かかわる人が増えることは、大変喜ばしいことではあるでしょう。

一方、現実に目を向けると、売上も利益も増やしていかなければ、社員の採用もできないし、給料も上げられない。新たな事業や設備に投資することもできません。人に対する成長機会もつくりにくくなります。ネガティブな見方をすれば、「いつ淘汰されるかわからない」という危機感もあるでしょう。

だからこそ社長は、目標を達成できたら、自然と新たな目標を掲げます。「来期の経常利益は、前期比120%を目指す」「3年後に年商100億円」「業界シェアナンバーワンになる」など、どんどん上の目標を立てるわけですね。

しかし、すべての社員が社長と同じ思いを持っているかというと、当然そんなことはありません。高い目標を立てれば、「なぜもっと成長しないといけないのか」と反発する社員が何人も出てきて、コンフリクト(対立)が起きることがよくあります。

成長を加速しようとすると、その分、周囲が犠牲を払うケースも出てくるからです。

売上を増やすには、身の丈以上に営業や社内の目標数値を上げたり、店舗を増やさなければならなかったり、少ない人員でこれまでよりも多くの仕事をこなしたりする必要が出てきます。急激に成長しようとすればするほど、無理が生じます。

そう考えると、目標に対して、「なぜ業界シェアナンバーワンじゃないといけないんですか？ ナンバー2じゃダメなんですか？」「どうして120%成長を目指すのか。110%

で十分じゃないですか」「3年後に年商100億円を達成したところで、なにか良いことがあるんですか。そんなに急成長できませんよ」などと疑問や不満が出てくるのは無理もありません。

成長する蓋然性はロジカルに説明できないが

社員が腹落ちしない目標だと、足並みが揃わなくなり、組織がグチャグチャになります。

離職者が激増することもあります。

そこでゴールに向かって皆が一丸となって走り出していけるような納得感ある目標にする必要があります。しかし、これが簡単ではないのです。

「なぜ120％成長を目指すのか。110％ではダメなのか」「3年後に年商100億円に増えると、なにか良いことがあるのか」という疑問に対して、すべてロジカルに説明できるかというと、実際できないことのほうが多いと思います。*

100億と99・9億との違いを問われれば、そこに明確な理由は存在しません。「中期経営計画で決めたから」と言っても、その数字もすべてがすべて理詰めで決めたわけではないはずです。

最も説得力がありそうなのは、「株主に『何年後にはこれくらいの市場価値になる』と宣言しているから、これくらいのペースで成長しないといけない」というように、外部との約束を前面に出すことでしょう。

ただし、外部環境によっては達成が難しいケースもありますし、「外に言ったから絶対に必達しなければならない」と言うだけでは、必ずしも社員たちは納得しないのです。

目標を決めるのは社長しかできない仕事

だからといって、最初から現状維持の目標を掲げてしまえば、社長も社員も油断してしまい、往々にして結果は下振れします。手が届くかどうかわからない高い目標を掲げない限り、持続的な成長は望めません。

＊「まずはプロダクトを世に出そう」「お客様に1社でも有料で使ってもらおう」といったわかりやすい目標が掲げられている創業期はいいでしょう。あるいは、上場のタイミングなどのきわめてわかりやすい機会（かつストックオプションなどで当事者にもメリットのある場合）は、目標が錦の御旗になりやすいです。

そう考えると、結論としては、社長や経営陣が、「何のために会社を経営しているのか」「どんな規模感で、どんな価値をつくりたいのか」「どれくらいのペースで成長したいのか」を明確にする。そのうえで、皆が腹落ちする言葉で目標を伝えるしかないのです。

その際、定量的な目標の根拠に加えて「目標を達成できた先に、いかに素晴らしい世界が待っているのか」を魅力的に伝えることが社長には求められます。

もちろん、市場規模や競合企業との比較、社会に対する影響力やブランド、従業員の数などでおのずと目標が決まっていくケースもあるでしょう。

ですが、理想を言えば、社長自らが目標を決めて、自分の言葉で周囲の合意を得ていくのがベストです。社員であるうちは、どこまでいっても一定の目標が上から与えられるものですが、トップになって初めて、自分が目標を設定する側に立つのです。

そのとき、どの程度の目標を掲げられるか、その目標に社員が共感してくれるかどうか――トップの力量が試されるところです。*

バーンアウト問題とどう向き合うか

そうして成長を重ね、目標を次々と達成していくと、時に別の問題が出てくることがあります。それは**「社長自身のバーンアウト問題」**です。

バーンアウト問題はすべての社長に起こるわけではありません。

ただ、金銭的にも精神的にも肉体的にもさまざまな犠牲を払って傷だらけで走りながら会社を成長させたものの、自分自身は燃え尽きてしまい、「果たしてこれが私のやりたかったことなんだろうか。こういう人生を送りたかったのだろうか」と自分の生きざまに疑問を覚える社長は一定数います。

「次は年商100億円だ！」と飽くなき向上心で戦い続ける人も、利害関係者のいないところでは「年商100億円になったし、もういいだろう。いったん売却して、一線から退きたい」という本音をのぞかせたりします。

実際、私は世間的には大成功しているように見える有名企業の社長から自身の身の振り方に関する相談を受けることがあります。よくよく聞くと、社長を辞めたいというより、

＊社長は、同時期に創業した会社や、同業の会社が華々しく成長したり取り上げられているのを見て、なんとも言えない劣等感や屈辱感を味わうこともあります。そういった会社を見て、自身の会社の成長性の乏しさに不甲斐なさを感じることも少なくありません。でも、他社と比較したところで仕方がありません。未来を見据えて目標を決めるのも、それを実現できる体制を創るのも結局は社長の役目だと割り切り、そうした葛藤も受け入れるしかないのだと思います。

「365日会社に向き合ってきたから、少し距離を置いて考える時間をとってみたい」という思いを吐露する人がほとんどです。

「休めばいいじゃないか」と思われるかもしれませんが、わずか数日間休んだところで、忘れたくても経営のことが頭に浮かぶため、「社長でない時間」を確保できないのです。

あくまで個人的な意見としては、このようなバーンアウトを起こした、あるいは起こしそうになっている社長たちが、休みたいという思いを押し殺してまで、無理に全力疾走を続けるべきだとは思いません。自分の will や原体験をあまりにも無視したり、身近な人に過剰な犠牲を押し付け続けたりするような成長は持続的ではないからです。*

もっとも、多くの社長は安易に辞めたりはしません。創業の経緯や、経営を志した原体験があり、それが彼らを押し動かすのです。採用した従業員や会社の看板への責任もあれば、サービス・プロダクトを使ってくれている顧客の顔も思い浮かびます。

辞めたくても辞められない。休みたくても休めない。会社のビジョンに向かっていつまでも邁進できる社長もいます。しかし、じつはそうではない社長も少なくないのです。

第5章でも述べましたが、自分の身の振り方に悩んだら、一度、社長の立場を離れて（実際に離れることはできませんので、正確に言えば「忘れて」）、1週間でも2週間でも情報を遮断して、少しの間だけ自分に向き合ってみる。そんな時間を取ることがあっても良いと私は思います。社長にこそ、メリハリは必要です。

社長は「鈍感」になっていく

ここまで社長が直面する困難についてお話ししてきました。

それでも多くの社長は、困難の壁を乗り越えていきます。生物が自然界で生き抜くために環境に適応していくように、社長も、さまざまな苦難に立ち向かっていくと、だんだんその状態に適応していきます。

言葉を選ばずに言えば、「鈍感」になっていくのです。

周りの人を気遣えないとかビジネスの感覚が鈍いという意味ではありません。**一つひとつの事象にうろたえなくなっていく、**という意味です。

なぜかといえば、苦難に立ち向かうなかで、社長は「うろたえたところで、何も物事は良くならない」ことに気づくからです。

＊だから、私たちがベンチャーキャピタルとしてエグゼクティブコーチングをする社長には、必ずしも「何十％成長しましょう」とは言いません。どこまでを目指すかは、自分自身が決めることでしょう。

当然、社長も人間なので、「マジで困ったな」「ヤバいな」と思うことは日々あるわけですが、「お客様が離れた、一緒にやってきた仲間が抜けて悲しい、お金を調達できなかった、ああ、人格を否定された気分だ。どうしよう、困った、誰か助けて!!」と叫んだところで残念ながら誰も助けてくれません。

それなら、次に何をするかを考えていくしかない。自分たちで道を切り拓いていくしかないのです。

そういうマインドで臨んでいると、うろたえるハードルが上がっていき、ちょっとやそっとのことでは動じなくなります。

また、**自分のモチベーションや働き方が他者の言動に影響されなくなり、他人の評価を気にしすぎなくなります。**多少反対されても、自分の信念や考えを貫き通して、思い切った行動に出られるようになるのです。

結果的にそうなっていくのか、そういう人の会社が伸びるのか、ニワトリとタマゴの関係ではありますが、持続的に成長している会社の社長はたいていこのような人だと言えるでしょう。

経営をするなかで良い意味で「鈍感」になっていったのは、私も同じです。

自社の経営に対してもそうだし、あまりにもたくさんの企業社長の支援をしていると、

「またこのパターンの修羅場がきたな」とか、逆に、「新しいタイプの修羅場だな」とか、神経が図太くなったというか、何がきてもドシっと構えられるようになったと感じます。

もちろん、社内から「徳谷さんって本当鈍感ですよね」と言われると、褒められている気持ちはしませんが（笑）、社長に求められる資質でもあるとポジティブに捉えるようにしています。

社長の意思決定が会社の未来を創る

意思決定は社長に永遠について回ります。

たしかにシンドイかもしれません。でも結局のところ、今の会社があるのも、顧客や従業員がいてくれるのも、すべて過去の意思決定があってこそなのです。

同時に、今の意思決定が、これからの会社の未来を創っていきます。逆に言うと、自分のこれからの意思決定次第でいかようにでも未来を創れるのです。

必ずしも社長がすべてを抱える必要はなく、同じ視点で共有できる仲間やパートナーと分担していってもよいのです。どんなに有能な社長たちも、後世まで名を残すレジェンド社長も、すべての意思決定が正解だったことなどありえないのです。**不確実な中で悩み葛藤し、進み、意思決定の精度を上げ続けていく。**これが社長の葛藤でもあり、醍醐味でもある。私は、そう思うのです。

第6章 社長の心得

- 大小さまざまな事案について判断を迫られる立場にいる社長だが、自分の意思決定が揺らがないように、「壁打ち役」をつくることが重要。
- 意思決定は先延ばしにしてはいけない。しかし、「撤退」の判断は拙速に行なうべきではなく、収益性や将来性といったガイドラインを設定しておき、総合的に判断するといい。
- トップになって初めて、自分が目標を立てる側に立つ。そのとき、どの程度の目標を掲げられるか、その目標に社員が共感してくれるかどうかで組織の未来が決まる。
- 完璧な意思決定はない。常に悩み、時に後悔もしながら、意思決定の精度を高めていく必要がある。

Column
session 6

120%のパフォーマンスを発揮する社長のルーティン

セルフメンテナンスの第一歩は「時間の使い方」から
――社長の1日を追う

社長の心身のパフォーマンスは、会社の将来に直結します。精神的な疲労はもちろん、見えない体の不調も重くのしかかってきます。

会社を持続的に成長させていくためには、セルフメンテナンスをして、自らのパフォーマンスを良好に保つことが欠かせません。

そこで、世の社長たちは、パフォーマンスを保つために、さまざまなことをしています。

まずは、**自分の時間の使い方**です。

社長の最も重要な役割である意思決定を、1日のどのタイミングで行なえば、最もパフォーマンスが上がるのか。これは人によっていろんなルーティンがあるかと思います。

朝イチのすっきりした頭で考えるのが良いという人もいれば、夜、皆が寝静まった後に考えるのが良い人や、夜に考えて一晩寝かせて朝イチに決めたい人もいるでしょう。

その考える時間を捻出するためには、**仕事のスケジュールをどう組むか**が大切になってきます。

考える時間を固定するのかしないのか。1週間のアポをどのくらい入れるのか。午前と午後をどういうふうに使うのか。会食はするのかしないのか。誰との会食なら行くのか。スケジュールを受け身で決めるのではなく、自分で意志を持って決めていくことを、意識的にしている社長は少なくありません。

私の場合、コンサル会社にいた頃は連日のように、朝から深夜（時には明け方）まで働きづめでしたが、さすがに今は、会食などがなければ一定の時間で仕事を切り上げてさっと寝ます。

翌朝4～6時に目を覚まし、思考をめぐらすような仕事や内省の時間に充てています（同じように、早朝から仕事をしている社長は比較的多いので、連絡内容を確認してもらいたいなら朝がチャンスです）。

昼から夜にかけてはミーティングがメインで、なるべく社外の打ち合わせや会議の時間をまとめています。

また、社長のタイプによっても変わりますが、私は対面の時間を重視しているので、できるだけ会食の機会も積極的に設けるようにしています。とはいえ、夜の時間も貴重ではあるので、誰彼構わず人と会うのではなく、社長としての幅を広げるためなのか、それとも事業の具体的連携のためなのか、はたまた完全なプライベートなのか、自分なりの基準や内訳を設定するといいでしょう。*

24時間365日会社のことを考えている

ビジネスパーソンの場合は「公私のメリハリをつけて気持ちを切り替えること」を大事にしている人が多いと思いますが、社長の場合はどうでしょうか。

＊翌日のパフォーマンスに影響の出ないように、一次会で帰る、焼酎を基本にする、ラーメンを避けるといったルール（私の場合です）を決めておくことも地味に大事です。

私が見てきた範囲で言うと、**社長は「公私の切り分けをしていない」という方が少なくありません。**いや、正確には、完全には切り分けできないのです。

週の労働時間や残業時間がルールで決まっている従業員と違い、社長（取締役）は何も決まっていない（保護の対象外）、ということもありますが、往々にして起業家は、自分の生活うんぬんよりも、本当に自分の想いを実現したいと思って起業していますから、そもそも休もうという意識がありません。

オフィスにいなくても、会社や事業のことは当然、頭のどこかにありますから、風呂に入っていても寝ようとしているときも考え続けていて「あっ、この事業はこうしたほうがいいかも」とアイデアが閃いたりしています。

創業初期から「5日働いたから2日休みだな」とか「午後8時になったからおしまいで、明日は9時から」と考えている起業家はほぼいないでしょう。

24時間365日働くことを幹部や社員にまで強要するのは問題外にしても、会社経営にはトラブルがつきものです。

朝起きたら、寝ている間に誰かが問題を解決してくれていたなんていう夢みたいなことはありえません。平日の夜や土日に関係なく、しんどいときほど向き合わないといけないという側面もあります。

だからこそ、多くの社長の頭の中では、そこまで明確に公私を線引きしていないというのが実態です。

あえて何も考えない時間をつくる

ただ、24時間365日、仕事のことばかり考えていると、目先の課題解決に意識が向きがちです。経営は、ヒト・モノ・カネの全テーマが関連してくるので、「もう全部やり切って、タスクゼロ」ということはありえません。

未来のことを考えるためには、あえて日常業務以外のことをする時間も大切です。仕事のトラブルシューティングのことは考えない、という「空白の時間」をつくるのです。

これは、物事を深く考えるためでも、仕事のことを考えないためでもありますが、**最近社長の間で「一人合宿」が流行っているように思います。**

会社にいると、「これどうしましょう」「あれどうしましょう」みたいな相談が際限なく舞い込みますし、いろんな情報が入ってきて、物事を考える時間がありません。そこで、会社から離れて一人合宿をするのです。

スマホやパソコンの電源をいったん落とすことで、中長期的なことを考えたり、頭を空っぽにしたりする時間がつくれます。

一人合宿は社長に限らず、「緊急度が低いけど重要度が高いことをじっくり考えたい」という多忙なビジネスパーソンにも効果的です。

なぜ社長はトライアスロンにはまるのか

また、体を動かす日をつくっている社長は数多くいます。

そもそも社長はメンタルの強さが求められますから、メンタルを保つうえでも、肉体を整えることが大切です。私は肉体の専門家ではありませんが、実際に多くの社長と接しているとそう感じます。

社長は基本的に事業・会社のことを常に考えていますが、体を動かしているときは、なかなか他のことを考えられません。そうやって強制的に頭の中を空っぽにすることで、マインドをいったんリフレッシュするというわけです。

あくまで個人的な感覚ですが、社長の方は、自分を追い込むようなスポーツ、たとえば、トライアスロンのような競技をしている割合が一般の方より高いように感じます。これは比較的自分を追い込むことが好きというか、特性としてできる人が多いのでしょう。「Mっ気がある」と言うとちょっと語弊がありますが、社長はそういうM気質を持っていたほうが向いているのかもしれません（もちろん、Mじゃなかったら起業してはダメという話ではありません）。

私が思うに、**社長がトライアスロンに求めているのは「困難」と「達成感」だと思います。**

私も一時期、トライアスロンにはまっていました（ガチではないです）。

トライアスロンはスイムがあって、自転車があり、ランがある。数時間にわたりひたすら自分と向き合い、そして孤独な戦いが続きます。

経営においても厳しいフェーズがいくつもあり、それを一つひとつ乗り越えてゴール（ビジョンの実現）を目指すという点でトライアスロンと通ずるものがあります。

トライアスロンはいわば、「疑似経営」が体験できる競技なのではないでしょうか。しかも、タイムが出るので自分の成長実感が数値として得られるし、走り抜けた先に待つ仲間と喜びを分かち合える。

野球やサッカーなどのスポーツに比べると、トライアスロンは自分で目標を決めてやり切ることが求められる社長向きのスポーツだと言えますね。

ちなみに、私自身はサウナがとても好きでうまく活用しています。年がら年中オンの状態でいるのは、社長に限らず心身どちらにとっても不健康です。*

それでも常にファイティングポーズをとり続けなくてはいけない社長の方々は、意識的かつ計画的に「社長」という仮面を脱ぐことを習慣づけるのが大切だと思います。

健全な経営をするには、社長が自分で自身を健全に保つこと。自身をある意味で、一番のマネジメント対象として向き合うことが大切になると思うのです。

＊考えない時間をつくるという意味で、サウナに通っている社長は多いですね。私のおすすめは「渋谷ＳＡＵＮＡＳ」。水風呂に頭まで浸かれるのがポイントです。「水温はシングルじゃないとダメ」などこだわりがありますが、紙幅が足りないのでまた別の機会に。

おわりに　あなたは孤独な社長ではない

ここまでお読みくださり、本当にありがとうございます。

経営にまつわる悩みや苦しみ、社長の孤独と試練、それと裏腹の楽しさややりがいについてつらつらと述べてきました。そして、それが起こる構造を解説してきました。

あくまで私の主観ではありますが、たくさんの社長を見てきた事例とそれに対する率直な想いを包み隠さず伝えてきたつもりです。

社長を志す皆さんのなかには「華やかに見えるけどこんな苦しみがあるんだな」と冷や汗をかかれた方もいるでしょう。また、会社員の方のなかには「私たちのためにこんなに頑張ってくれていたのか」「もう少し同情（？）の目を向けないとな」と社長に対して優しい気持ちが芽生えた方もいるかもしれません。

そして、社長の皆さんには、ご自身の原点や経営経験を思い返して、懐かしく思ったり、自身を褒めたく思ったり、周りに感謝する気持ちが芽生えたり、そんなきっかけになったかもしれません。

経営には悩みがつきものです。そして、誰かが完全に社長と同じ立場になってくれることはありません。でも、だからこそ、社長にしか見えない世界があり、社長にしか享受できない喜びややりがいが存在するのです。

どんなに歴史の長い会社も、急に生まれてきたわけではありません。誰かの想いから会社が始まり、その想いが紡がれ、広がり、仲間が集まります。

事業やサービスが顧客に届き、顧客から必要とされ、少しずつ、社会にその影響が広がっていきます。かかわる従業員たちの生活や家族の支えにもなっていくでしょう。

こうした未来を築き、たくさんの人の幸せに寄与していけるのは社長の喜びにほかなりません。

社長の方にはぜひ、自身の創業時や社長就任時を思い出して、そのときの想いを胸にまた今日からゴールに向かって歩んでほしい。

社長でない方は、社長の気持ちも踏まえてそのゴールの実現に向けてかかわってほしい。

これから創業しようとする人は、経営のつらさ、楽しさを感じてほしい。

それが本書を通して私が伝えたかったことであり、心からの願いでもあります。

途中何度も述べてきたように、エッグフォワードも決して順風満帆ではなかったのですが、「いまだない価値を創り出し、人が本来持つ可能性を実現し合う世界を創る」べく、企業にも個人にも真剣に向き合ってきたと自信を持って言えます。もちろん、今後も気を緩めるつもりはありません。

その意味では、私自身も孤独な社長の一人であり、ビジョンの実現のために戦っていくチャレンジャーです。これからも、皆さんと一緒に悩み、学び、そして成長していければと思っています。

本書では、私が20年来、経営に寄り添うコンサルタントとして、株主と同じ船に乗るキャピタリストとして、そして、ミッションを大切にする起業家・経営者としてたくさんの会社に向き合い、たくさんの社長に伴走してきたからこそ、知りえる事例を数多く皆さんと共有してきました。

こうした内容を皆さんに伝えられたのも、たくさんのクライアント、投資先の社長のおかげです。エッグフォワードのメンバー、そしてリスナーの皆さん、読者の皆さんのおかげです。

冒頭で述べた通り、本書はPodcast「経営中毒〜だれにも言えない社長の孤独〜」の内容を再構成して、大幅に加筆を加えたものです。プロデューサー、番組のMCとしてご尽力いただいた野村高文さんには感謝してもしつくせません。
また、拙い文章を、書籍にまとめていただいた編集担当の大隅元さん、編集協力の杉山直隆さんにも心から感謝しています。

本書が皆さんにとって、何かしらの拠り所やターニングポイントになれば、これ以上の喜びはありません。そして、その結果として、人が本来持つ可能性を実現し合う世界に少しでもつながっていきますように——。

エッグフォワード代表　徳谷智史

著者略歴
徳谷智史（とくや・さとし）
エッグフォワード株式会社 代表取締役社長/GOLDEN EGG Ventures代表パートナー
京都大学卒業後、大手戦略コンサルティング会社入社。海外法人の立上げとアジア代表を経て、「いまだない価値を創り出し、人が本来持つ可能性を実現し合う世界を創る」べく、エッグフォワードを創業。企業向けには、大手からスタートアップまで、1000社超の企業変革コンサルティングを手掛ける他、出資×コンサルティングのVCスキームで「スタートアップ共創のエコシステム創造」を目指す。個人向けには、2万人を超えるビジネスパーソンの意思決定・キャリアを支援。NewsPicksキャリア分野プロフェッサー、Podcast「経営中毒〜だれにも言えない社長の孤独〜」メインMC、PIVOT社長改造コーチ、著書に『キャリアづくりの教科書』(NewsPicksパブリッシング）など。趣味はハンドボール・サウナ。

装画　柳智之

経営中毒
社長はつらい、だから楽しい

2024年3月12日　第1版第1刷発行
2024年9月10日　第1版第7刷発行

著　者　徳谷智史
発行者　永田貴之
発行所　株式会社PHP研究所
東京本部　〒135-8137 江東区豊洲5-6-52
ビジネス・教養出版部　☎03-3520-9619(編集)
普及部　☎03-3520-9630(販売)
京都本部　〒601-8411 京都市南区西九条北ノ内町11

PHP INTERFACE　https://www.php.co.jp/

装　丁　秦 浩司
組　版　有限会社エヴリ・シンク
印刷所
製本所　大日本印刷株式会社

ISBN 978-4-569-85642-1